新インド入門

生活と統計からのアプローチ

田中洋二郎

白水社

新インド入門——生活と統計からのアプローチ

装画＝佐貫絢郁
装幀＝コバヤシタケシ
組版＝鈴木さゆみ

新インド入門　目次

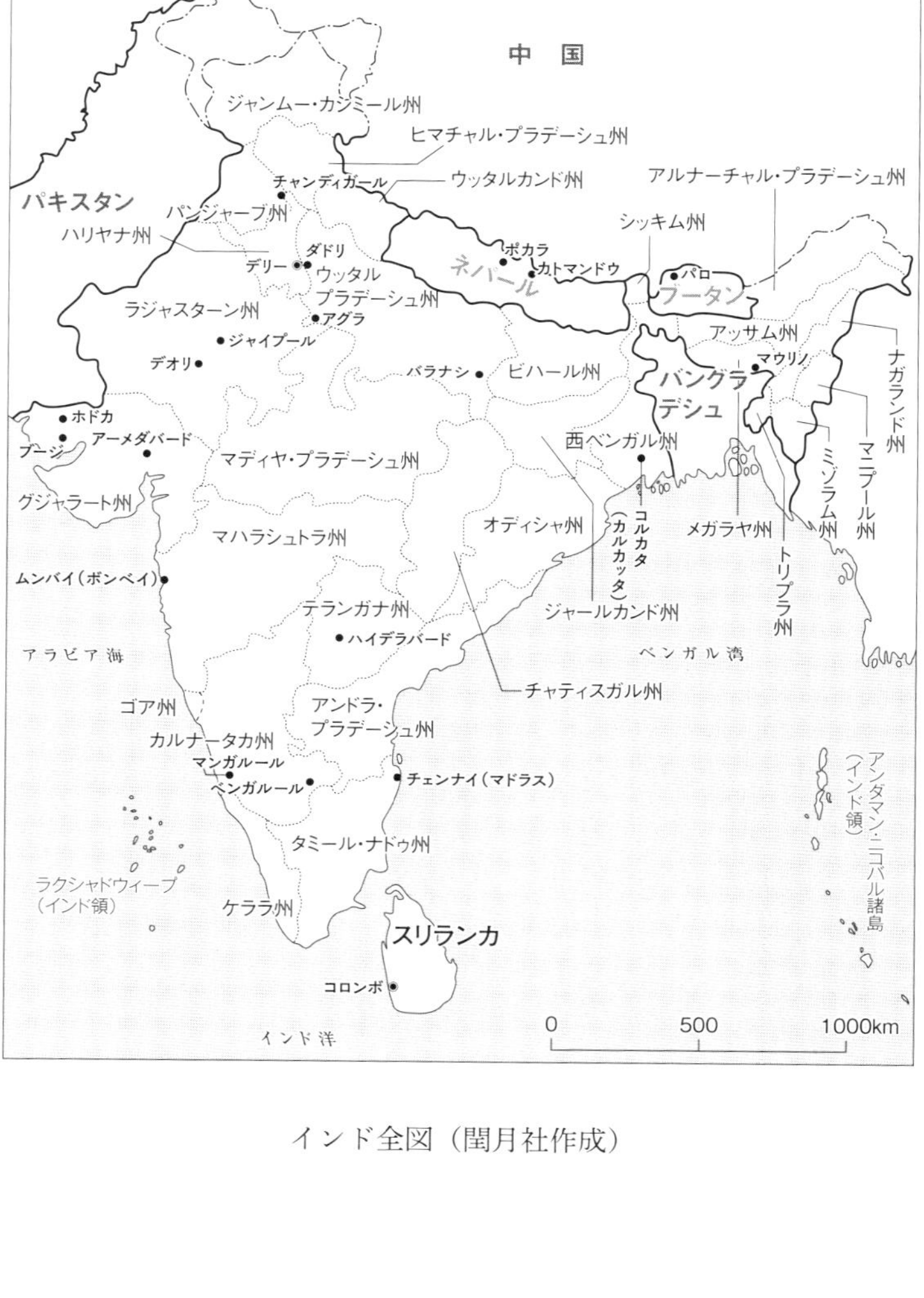

中　国
ジャンムー・カシミール州
ヒマチャル・プラデーシュ州
チャンディガール
ウッタルカンド州
アルナーチャル・プラデーシュ州
パキスタン
パンジャーブ州
ハリヤナ州
シッキム州
ポカラ
ダドリ
デリー
ネパール
カトマンドゥ
パロ
ウッタル
プラデーシュ州
ブータン
ラジャスターン州
アグラ
ジャイプール
アッサム州
ナガランド州
デオリ
マウリン
バラナシ
ビハール州
バングラ
デシュ
ホドカ
アーメダバード
ブージ
西ベンガル州
マディヤ・プラデーシュ州
マニプール州
ミゾラム州
グジャラート州
コルカタ
（カルカッタ）
オディシャ州
メガラヤ州
トリプラ州
マハラシュトラ州
ムンバイ（ボンベイ）
ジャールカンド州
テランガナ州
ハイデラバード
アラビア海
ベンガル湾
チャティスガル州
ゴア州
アンドラ・
プラデーシュ州
カルナータカ州
マンガルール
ベンガルール
チェンナイ（マドラス）
アンダマン・ニコバル諸島
（インド領）
タミール・ナドゥ州
ラクシャドウィープ
（インド領）
ケララ州
スリランカ
コロンボ
インド洋
0
500
1000km

インド全図（閏月社作成）

はじめに

巨大国家インド

いまインドが大きく変化している。

しかし、私たちは昔ながらのインドのイメージにとらわれていて、世界のパワー・バランスを大きく変えるインドの変化に気が付いていない。アジアの大国インドは、あと二十年もすれば、今の中国のように、世界の大国としての存在感と影響力をもつようになるだろう。私たちは、そういうインドをもっと理解するべきだ。もっとインドとつながるべきなのだ。そのためには、私たちは自分たちのインド観を見つめなおす必要がある。

インドを理解するにあたっては、まず、この国がいかに巨大であるかを認識するところから始めるべきだろう。インドほどの巨大国家では、一億人程度の人口は少数派（マイノリティ）としてカウントされる。二〇一一年の国勢調査によると、インドの人口は**十二億千八百五万四千九百七十七人**となっている。インドはヒンドゥー教徒が多数を占める国だが、人口の**十四・二三％**にあたるムスリム（イスラーム教徒）も暮らしている。これを単純に計算すると、インドにはムスリムが**約一億七千三百万人**、つまり日本の人口を優に超すムスリムが宗教マイノリティとして暮らしていることになる。[1] 現にインドは、人口の約八割がヒンドゥー教の国でありながら、中東のどの国より多くのムスリム人口を抱える、世界第三位のイスラーム大国（一位はインドネシア、二位はパキスタン）なのだ。こうした桁違いの人口の多さは、インドを理解する上で重要なポイントとなる。現在、中国に次ぐ人口を抱えるインドは、今後十年以内に中国を超えて、人口世界一の国になると言われている。良くも悪くも、インドのインパクトはその人口にあると言っていい。

次にインド経済について見てみよう。今でも多くの人がインドを貧困国の一つとして捉えていないだろうか？　ＢＲＩＣＳの一つに数えられるインドのＧＤＰは既に世界第七位。米国、中国、日本、ドイツ、イギリス、フランスに次ぐ位置まで高まっている。[2] また、堅調な経済成長によって、インド国内には購買意欲が旺盛な中間層が着実に増えている。研究者によって定義が異なるが、五千万人から三億人規模と言われている。[3] まだまだ若年層の割合の多いインドはこれから人口のボーナス期に突入する。本格的な経済成長が始まった時のインド経済のポテンシャルは計り知れない。

インド経済の推移を理解するにあたって、中国経済の成長を横に置いてみるとそのインパクトをよりリアルに感じられる。二〇一七年のインドと日本の名目ＧＤＰは、インドが**二兆六千二十億ドル**、日本が四兆七千八百三十億ドル。日本とインドには約二倍の差がある。それを日本と中国のＧＤＰ比に照らしあわせてみよう。日本が中国の二倍ほどの経済力をもっていたのは、二〇〇六年。その後、二〇一〇年には中国のＧＤＰが日本のＧＤＰを追い抜き、今では、中国のＧＤＰは日本の約三倍の規模まで成長している。インドの経済成長に関して、一部では向こう十年の間（二〇二八年まで）に日本経済を追い抜くという予想もなされている。もちろん、インドが中国と同じ経済成長プロセスを経るわけではないが、それでもインド経済が日本経済を追い抜く時代が、決して遠い未来の話ではないことが想像できるだろう。

次にインドの文化発信力についても見てみよう。インドは文化の発信源として周辺国に対し常に影響を与え続けてきた国でもある。インド文化の影響について、古代インドで発祥しアジア全体に広まった仏教は言うまでもないが、近年の例で言えば、インド映画が挙げられる。インドのムンバイ（旧ボンベイ）で製作されている映画は、米国のハリウッドに対してボリウッドと呼ばれているが、そのボリウッドが世界中を魅了している。日本でも近年「きっとうまくいく（原題「3 Idiots」）」や「バーフバリ（原題「Bahubali」）」の大ヒットがあった。インドはムンバイ以外でも映画が製作されている。インド全体の年間映画製作本数は**約二千本**で、なんと米国の年間製作本数の約三倍にあたる。その年間観客動員数は**約二億人**で、これも米国の約二倍の規模を誇っている。[4]

こうしたインド文化の存在感は、南アジアにいるとよく分かる。たとえば南アジアの小国ブータンで制作されているブータン映画を例にとろう。登場シーンから、民族衣装「ゴ（男性）」

と「キラ（女性）」を着た素朴な男女がダンスをしながら現れる。クルクル回転しながら木の陰に隠れる女性と、それを追いかける男性。まるでインド映画のノリだ。ブータンに限らず、インド発の映画コンテンツは南アジア（インド、バングラデシュ、ネパール、パキスタン、スリランカ、モルディブ、ブータン）を席捲しており、絶大な影響を与え続けている。映画以外にも、インドはヨガ、アーユルヴェーダなどインド固有の文化発信を積極的に行っている。近年の世界的ヨガブームを受けて、インド政府が六月二十一日を「国際ヨガの日」とし、全世界に呼び掛けているのも、そうしたインドによる文化発信の一例だ。

またインドは、世界で活躍するグローバル人材の輩出でも突出している。いまやグーグル、マイクロソフト、ペプシコなどのトップグローバル企業のＣＥＯにインド人が就任している。また、フォーブズによれば、資産十億ドル（約千八十九億円）以上を保有するビリオネア・リストに名を連ねるインド人の数は、二〇〇五年には三十六名、それが五年後には五十五名に増加、今では百名を超えている。インドは米国、中国、ドイツに次いで世界で四番目にビリオネアが多い。ちなみに、日本人のビリオネアは二〇一八年時点で世界十六位、五十名に達していない。[5]

もちろん、このことはインドの著しい経済格差を物語るものでもある。オックスファムによれば、インドは、富裕層上位のたった**五十七人**の総資産が下位七十％の総資産である**二千百六十億ドル**（約二十四兆五千二百四十六億円）に匹敵するとしている。これほど大きな貧困を国内に抱えるインドの舵取りは容易ではないはずだが、この点に関し、インドは世界最大の民主主義国家として、多くの国内問題を抱えながらも、十三億人国家の舵取りをしている。近年、民主主義政治の危機が叫ばれている中、インドが民主主義制度を維持している点は注目に値するだろう。インドの有権者数は**八億千四百五十万人**。[6] なお、インドの識字率は**七十四・〇四%**で、有権者の中には文字が読めない人も含まれる。[7] この問題を克服するため、インドの投票所では、政党名が文字ではなく政党のシンボルの絵（たとえば現政権のＢＪＰは蓮の花の絵）で示されている。文字が読めなくても投票できるためのインドらしい工夫だ。

また、英語人材にも目を向けてみよう。いまやグローバルに活躍する人材の必須条件ともなっている英語だが、インドには米国に次ぐ英語話者がいる。その数はおよそ**一億二千万人**。ちなみに、イギリスの英語話者が約六千万人なので、インドには元宗主国のイギリスの約二倍の英語話者がいることになる。

最後に、インドはＩＴエンジニアの数でも他を圧倒している。いまやシリコンバレーに多くのインド人ＩＴエンジニアが集まっている。インドは年間の自然科学系学位取得者数が**三十三万人**で世界第一位。また、コンピュータ科学系の米国大学院への留学においても**一万二千二百八十名**と世界一位で、二位の中国の七千五百五十名の倍近い数字となっている。[8] こうした人材が、「フラット化された世界」でグローバルな表舞台にのし上がってくることは間違いない。

統計と体感によるアプローチ

さて、このように多くの面で桁違いのインドを理解し、この国と付き合っていくにはどうしたらいいのか。そのためには、今までのイメージによるインド観を変える必要がある。私たちは驚くほど簡単に外国に対するイメージを固定化してしまっている。日本人のインド人に対するイメージが、今でもインドの人口**一%強**に過ぎないシク教徒(9)が巻くターバン姿なのは驚きだ。ちなみに、このイメージが定着した理由は、第一次世界大戦時、英領インドから送られたインド兵の中に体つきのがっしりした人が多いシク教徒が多かったからと一般には説明されている。

しかし、その後何十年経った今でも、私たちのイメージはほとんど変わっていない。このように世間で語られるインドと生のインドの間には大きなズレがある。そして、多くの人が、イメージのインドと現実のインドとのズレに気付いていない。神秘の国、カオスの国、貧困の国、ＩＴの国、カーストの国など、今も昔もインドについては様々なことが言われてきた。しかし、それらは「イメージのインド」に過ぎない。インドのイメージが強烈であればあるほど、それらが独り歩きしてしまって、「ありのままのインド」が見えなくなっている。その結果、私たちは「インド＝よく分からない国」といった辺りで自分たちのインド理解を落ち着かせてしまっている。

このインド観のズレを補正するために、これから「統計」と「体感」という二つのアプローチからインドの実態に迫ってみたい。統計から得られる客観的なデータに実体験から得られる知識を照らし合わせていき、インドの実態にピントを合わせていきたい。
インドの経済成長、人口推移等のマクロな動きについては、今までにも多くの書籍が出版されており、最近はインターネットでもかなりの情報が収集できるようになった。こうした数字を改めて注視してみると、いろいろな事象を物語ってくれることがわかる。そして、時にこれらの数字が示すインドが、我々がイメージするインドとはほど遠い姿をしていることに気付かされる。

こうした視点に、社会や文化やそこで暮らす人びとに目を向ける視点を加えていく。これは、インド社会の内側に入り込み、そこで暮らす人びとの喜びや葛藤を、自分の体験をつうじて見つめる視点とも言える。そういう距離感でインドと付き合うことで、日本にいるだけでは見えてこなかったインドの姿が見えてくる。

私が勤める独立行政法人国際交流基金は、世界二十四カ国二十五拠点を構える、日本の国際文化交流を促進する唯一の公的機関である。国際交流基金は文化芸術交流、日本研究・知的交流、日本語教育支援という三つの活動の柱をもち、それらを組み合わせながら、各国の日本理解や国際文化交流を促進している。国際文化交流は、イメージとの葛藤なしに成し遂げることはできない。自分たちが手掛ける事業が単に人びとのイメージを助長するだけに過ぎないかが、現場では常に問われているからだ。

私は、インドの大学院の修士課程で学んだのち、当基金のニューデリー日本文化センターにおいて日印文化交流に直に携わるという機会に恵まれた。留学や駐在生活を経て得た「生の体験」は、本で学んだ知識とはことなる、リアルな姿を見せてくれた。その地を歩いた者にしか分からない、その空気を吸った者にしか味わえないものが必ずある。例えるなら、デリーの雨が「天の恵み」に感じられるようになるには、摂氏四十六度になる酷暑をエアコンもない部屋で耐え忍ぶ必要があるといったようなものだ。自分の感覚を通じて得た知識は、その国の理解を助けてくれる。留学生としてインドで暮らし、その後、駐在員として暮らす中で得た視点が、今まで語られてこなかったインドの姿を見せてくれた。

このように体験から得られる知識と統計から得られるデータとの間を行ったり来たりしながら、今まで語られることのなかったリアルなインド、ありのままのインドの姿を描き出していきたい。

近年、日印の政治的・経済的重要性は今までにないほど高まり、日印両政府は特別グローバル・パートナーシップ(10)という枠組みを打ち出して関係強化に取り組んでいる。しかし、その中身はまだまだ十分とは言えない。今、日印両国が取り組むべきこと。それは、互いの苦悩さえも分かち合えるような血の通った交流だ。そのためには、自分たちが知らず識らずのうちにかけている色眼鏡を外し、相手の姿をそのまま見つめる視点がかならず必要となる。

インド経済はここ十年足らずの間に大きく飛躍し、それに伴い社会が大きく変化している。そのように躍動するインドの姿を捉えていきたい。それは自分たちを見つめなおす鏡ともなるだろう。経済発展を達成し、世界有数の富める国になった日本だが、その過程で何かを失ってしまったと感じている人は少なくない。インドで暮らしていて、日本ではほとんど見られなくなった光景に何度も出会った。それは一台のバイクに一家全員が乗り込む姿であったり、物乞いにわずかな野菜を与える貧しい八百屋の姿であったり、感情を露わに怒鳴りあっている半裸の男たちの姿であったりした。こうした人と人がぶつかり合いながら懸命に生きようとしている社会から私たちは何を学ぶべきか。これから本書を通じて皆さんと一緒に考えていきたい。

最後に、本書で述べることはすべて私個人の意見であり、私が勤める国際交流基金を代表するものではない点を予め断っておく。なお、本書で用いた統計については、主に二〇一一年のインド国勢調査と国際統計データの専門サイト、グローバル・ノートのデータを参照した。

註

（1）二〇一一年インド人口統計（www.census2011.co.in）
（2）Global Note（https://www.globalnote.jp/post-1409.html）
（3）『知的資産創造／二〇一六年七月号』（野村総合研究所（ＮＲＩ））
（4）Global Note（https://globalnote.jp）

（5）http://www.geniuslab.net/2018world/#country

（6）二〇一九年に行われた総選挙において有権者数は九億人を超えた。

（7）二〇一一年インド人口統計（www.census2011.co.in）

（8）レインボー・チルドレン（http://rainbowchildren.holy.jp/archives/4342）

（9）二〇一一年インド人口統計（www.census2011.co.in）

（10）日印両首脳は日印特別グローバル・パートナーシップを行動指向のパートナーシップ「日印ヴィジョン2025 特別戦略的グローバル・パートナーシップ」に移行した。
（平成二十七年十二月十二日外務省）
http://www.mofa.go.jp/mofaj/s_sa/sw/in/page3_001508.html

第一章

巨象という虚像

この国のかたち——統計から見た大国

総人口：12億1085万4977人（世界第2位＝2011年）
ヒンドゥー教徒人口：9億6620万人（世界第1位＝2011年）
ムスリム人口：1億7200万人（世界第3位＝2011年）
不可触民人口：2億100万人（2011年）
言語数：270言語（2011年）
識字率：74・04％（2011年）
英語話者：1億2000万人（2005年）
有権者数：8億1450万人（2014年）
大卒人口比率（25歳〜64歳）：10・60％（世界第39位＝2011年）
第一次産業就業人口：2億1448万人（世界第1位＝2017年）
第二次産業就業人口：1億1938万人（世界第2位＝2017年）
第三次産業就業人口：1億6800万人（世界第2位＝2017年）
合計特殊出生率：2・3人（世界第94位＝2017年）
平均寿命：68・80歳（世界第145位＝2017年）

一　ダドリ・リンチ

ダドリ・リンチとその波紋

二〇一五年九月二十八日、インド全土を揺り動かす事件が、首都デリーから東へわずか二十キロほどいったダドリという地区で起こった。事件は、あるムスリムの家族が牛を殺して肉を食べ、冷蔵庫にその肉を保存しているという「噂」から始まった。

午後十時半頃、この噂を聞きつけたヒンドゥー教徒の集団が、モハンマド・アクラルの自宅までやってきた。アクラルが群衆に気付いた時にはすでに遅かった。彼らはアクラルの家に入りこみ、アクラルを家から引きずり出した。アクラルの息子ダニシュも引きずりだされ、二人は一時間以上にわたって壮絶なリンチを受けた。リンチが行われている間、残された家族は冷蔵庫に入っている肉は牛肉ではなくマトン（山羊）肉だという懸命の主張を行った。しかし、リンチが止むことはなかった。結果アクラルは死亡、ダニシュも重体となり病院へ搬送された。

事件後、警察は地元のヒンドゥー教寺院の司祭を含めリンチに加わった者たちを逮捕したが、その逮捕に対し、逆に地元では大規模な抗議運動が起こった。地元の抗議は激しく、警察は拳銃を空に向けて発砲し事態の沈静化を図った。しかし、ダドリ事件の波紋はインド全土に広がり、以降、インドでは牛肉をめぐる暴力事件が頻発している。

最近でも、二〇一七年七月二十三日の朝日新聞に、ムスリム人口の多いウッタル・プラデーシュ州で牛肉加工場を経営するアヤズ・シディキ氏へのインタビュー記事が掲載されていた。記事によれば、一日平均二千頭を処理していたアヤズ氏の工場は、四月に入ってから牛肉の処理数が三百頭まで激減しているという。直接の原因は、二〇一七年四月にラジャスターン州で起きた事件だ。それは、牛をトラックに乗せて運んでいたムスリム五人が、ヒンドゥー教徒と見られる十人の男たちに鉄棒やレンガで殴られたという事件だった。その四月以降、農家から牛が集まらなくなった。

このような事件が起こると、「インド＝牛肉がタブー」というイメージが作られ、「インドでは、牛肉を食べただけで殺される国」というイメージが独り歩きし始める。しかし、事態はそれほど単純ではない。事実として、インド人の中で牛肉を食べる人は意外と多い。驚くことに、インドはブラジル、アメリカ、オーストラリアなどに匹敵する、世界一位、二位の牛肉（水牛を含む）輸出大国でもある。(1)

多様性インドの事情

このように、インドは牛肉を食べたという「噂」だけで人が殺される国であり、一方で牛肉の世界的な輸出大国でもある。我々は、このギャップをどのように理解すればいいのだろうか。

それを考えるヒントこそ、インドの多様性とその巨大な人口にある。前述のとおり、インドはヒンドゥー大国であると同時に、イスラーム大国でもある。一億七二万人を超えるムスリムにとっては、牛は聖なる動物ではなく、牛肉を食べることはタブーではない。こうした人たちが、インドの牛肉加工ビジネスを支えている。

さらに、以下の地図を見て欲しい。これは、インドで牛の屠殺《とさつ》が禁止されている州、条件付きで認められている州、無条件で認められている州をあらわしたものだ。このうち、条件付きおよび無条件で牛の屠殺を認めている州の人口を合わせると、**約五億三千三百万人**もの規模となる。(2) このことからも、牛を殺すこと自体がインド全体で禁止されているわけではないことが見えてくる。牛の屠殺を禁止している州とそうでない州とを分ける明らかなラインが、インド北西部と、南、北東インドとの間にあることが分かる。これは、南インドは主にドラヴィダ民族が、北東インドはモンゴロイド系の山岳民族が多く住んでおり、それらの地域では全く違う価値観が主流になっていることを意味する。

私のインド駐在中でも、自宅でお世話になっていたメイドのZ氏は南インドのカルナータカ州マンガルールの出身で、北インドでは珍しいビーフカレーを作ってくれた。ある時、Z氏にデリーでどうやって牛肉を手に入れているのか聞いてみたら、ムスリム居住区に行けば、デリーでも牛肉は簡単に手に入ると教えてくれた。このような日常のやり取りからも、インドの

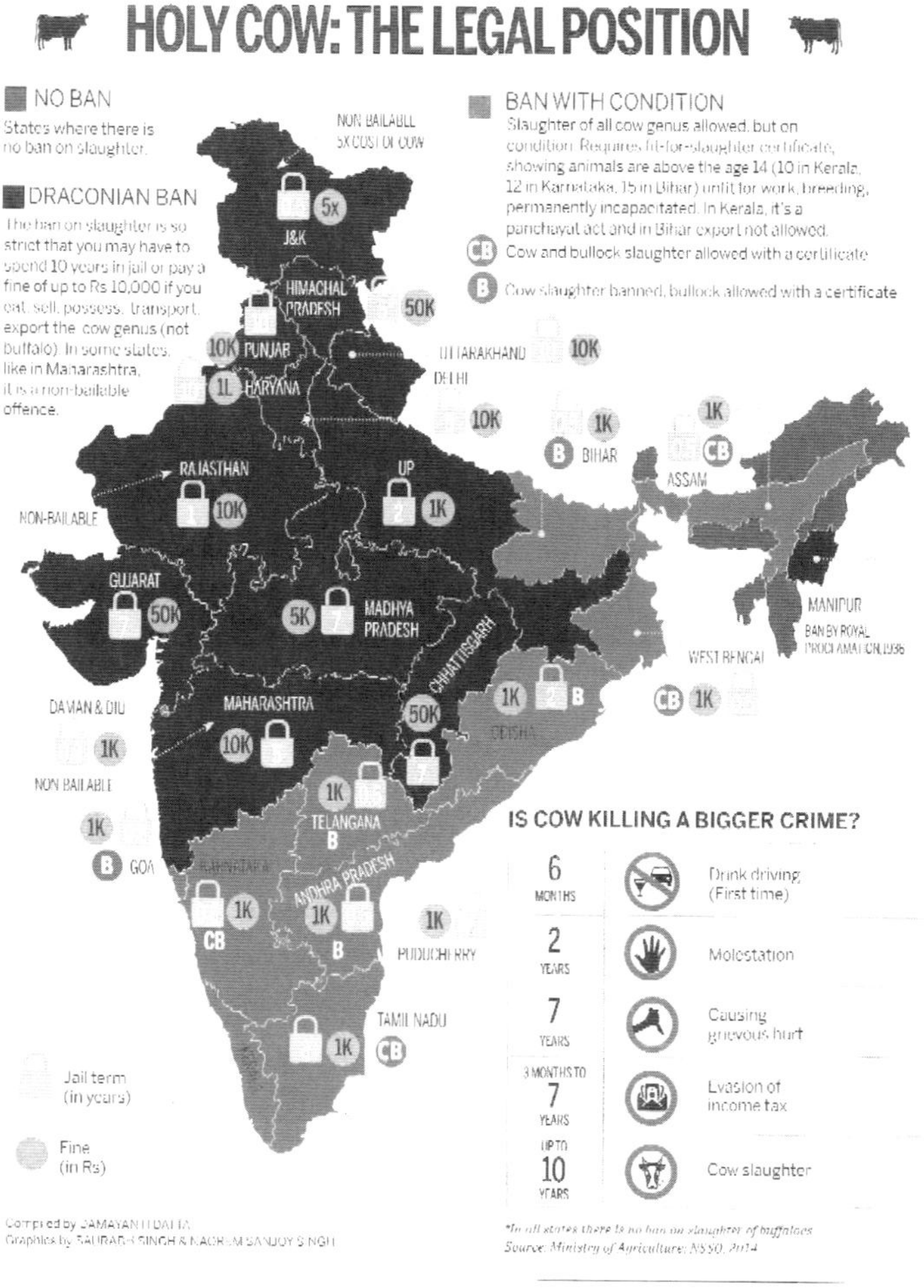

雑誌 *India Today* (October 19, 2015) より。黒いエリアは屠殺が禁止されているエリア、灰色のエリアは屠殺が認められているエリア

多様性が見て取れる。

それぞれの対応

そもそも、なぜ牛肉がタブーなのだろうか？

古代インドから牛はインド人にとって貴重な存在だった。牛は、畑を耕す労働力であり、牛は貴重な蛋白源となる牛乳を提供する。その糞は壁に塗って乾燥させれば良質な燃料となった。こうした牛をインド人はとても大切にしていた。その後、雄牛は有名なシヴァ神の乗り物「ナンディン」として、雌牛はクリシュナ神の従者として崇められるなど、牛が神聖化されていった。

なお、インドでは牛は神聖な動物ではあるが、そんな神聖な牛の扱いは日本人が想像するのとは少し様子が違う。インドでは牛が町中を歩いているのをよく見かけるが、その牛たちが雑に扱われていることも多い。時にはお尻を思いっきり叩かれているような牛も見かける。牛は宗教的には有り難いが、日常生活では路上で売っている野菜をむしゃぶり食べようとするあり得ない存在なのだ。それを止めようと牛を叩く人びとの気持ちは現地で生活しているとよく分かる。こんな時、お牛様を叩いている人がいても、それを非難するような人はいない。この辺り、インドの寛容性と言えるだろうか。

さらに余談だが、インドの町中を闊歩する牛たちはほとんどが野牛ではなく飼牛である。彼らはどこかにねぐらがあって、朝ねぐらから出てきて町を歩き回り、夕方またねぐらに戻っていく。言ってしまえば、町に放牧されている状態である。もちろん、飼い主がいるわけだから、路上の牛を勝手に捕まえたりすれば大問題となる。

このように牛が神聖化されているインドでは、表立っては牛肉を食べることはできない。しかし、デリーなどの大都会ではたまに「ビーフステーキ」とメニューを堂々と出しているレストランもある。ただ、この時のビーフの中身は大体が水牛だ。上述のナンディンは基本的にインドでよく見かけるこぶ付きの牛のことで、水牛ではない。このため、牛の屠殺を禁止している州であっても水牛を食べることが認められていることがある。

インドでは、豚肉も、牛肉と同じく公然とは食べられない。一般的にインドで食べられるのは鶏肉か山羊肉だ。インドにあるマクドナルドでも牛肉や豚肉を使った商品はなく、日本のビックマックにあたる「マハラジャ・マック」も鶏肉をミンチにしたパテを使っている。

現政権の影響

さて、話をダドリ・リンチに戻そう。今回の事件に端を発した一部の過激なヒンドゥー教徒による暴行事件については、事件後、現ＢＪＰ（Bharatiya Janata Party（インド人民党））政権の右傾化が大きく影響しているという批判が噴出した。もともとＢＪＰはヒンドゥー教徒から強い支持を集めている政党であり、特にＲＳＳ（Rashtriya Swayamsevak Sangh）というヒンドゥー至上主義組織がＢＪＰの政治母体であることから、政権発足当初からＢＪＰの「(宗教) マイノリティ問題」に対する懸念は存在していた。今回の事件に関しては、政権が発足してから一定期間が経ち、当初の懸念が現実化したものと考える論調も多くみられた。しかし、私としては、今回の事件を政治化することで、物事の本質から目を背けようとしていることが気にかかる。確かに、現政権の政策の中には、牛肉禁止政策などヒンドゥー教の価値観を押し付けるような政策が少なからず存在するが、現政権の右傾化を非難すれば、村人をリンチしたヒンドゥー教徒の罪が消えるわけではない。この事件は、インドの政治問題である以前に、他者に対する差別、偏見、無知といったインド人の心の問題だ。その責任のすべてを、現政権になすりつけることはできない。

今、必要なもの

「ダドリ事件についてどう思うか」と、知人のインド人学生に聞いたことがある。その時の彼の率直な回答が印象的だった。彼は、今でこそデリーにある大学に通っているが、もとはダドリのような小さな村の出身だった。事件に関して、彼はこんな風に言っていた。「もし自分がいまでも村に居続けていたら、リンチに加わったでしょうね。しかも、村人の期待を一身に受けて、誇らしげに。でも、今はできませんね。何故かは分かりません。多分、自分の信条とは異なる信条をもつ人間がいることを学んだからじゃないでしょうか」。

知人の話から見えてくるもの。それは、異なる宗教観を理解し、共感する心がダドリのような事件を防ぐものではないかということだ。そういった心を育む教育が何よりも必要とされている。これはインドの村人に限ったことではない。こうした事件を理解しようとする私たちにとって必要なものでもある。

今回のダドリ・リンチ事件は、日本のネットニュースでも取り上げられていたが、そこには「宗教って何だか怖い」といった宗教そのものを否定するようなコメントや、「牛肉を禁止するなんて馬鹿げている」というインドの風習を否定するようなコメントが寄せられていた。確かに日本人にとって、ダドリでの事件を理解することは難しい。しかし、当事者の宗教やその国の風習を否定するだけの姿勢からは、インドの社会、家庭に生まれ育った人間の心情を理解することはできない。日本人には奇異に見える事件だからこそ、異文化に対する想像力とその社会で暮らす人々への共感が必要となってくる。インドに限らず、宗教が理由で起こる争いについて、テロを擁護するのではなく、しかし事件を起こした人間の心にも目を向ける姿勢が求められている。

ダドリ・リンチをめぐり忘れていけない日付が十月二日だ。この日は、インドの国父ガンディーの誕生日。異なる宗教の共存を願い、最後までヒンドゥー教徒とムスリムの融和を目指し、そのことで逆にヒンドゥー原理主義者の凶弾に倒れたガンディーがダドリの事件を聞いたらどう思っただろう。ガンディーは、次のような含蓄のある言葉を残している。

それでも、宗教教育なしには〔インドの〕解放はありえません。インドは無神論にはけっしてなりません。無神論の作物はインドの大地に合わないのです。……インド洋の海岸にはごみがたまっています。ごみの中で腐敗したものを取り除かなければなりません。私たちだって同じです。自分たちの汚れの大半を自分で取り除けるのです。……インドを本来の方向に持って来るために、私たちが本来の方向に来なければなりません。……あとは自ずとうまくいくでしょう。[3]

註

（1）「インド人は牛肉をよく食べる。「牛肉輸出量」世界一の理由」https://diamond.jp/articles/-/119320

（2）二〇一一年インド人口統計（www.census2011.co.in）

（3）M・K・ガーンディー『真の独立への道《ヒンド・スワラージ》』（田中敏雄訳、岩波文庫、二〇〇一年）一三〇―一三一頁

二　カーストをめぐる対立

人の価値が、目の前のアイデンティティに、身近な可能性に変えられる。
選挙のため、数のため、物のために。
精神をもつ存在として、
星空がなすスターダストのように、扱われることはない。
すべてにおいて。
学問において、道ばたにおいて、政治において、そして、生と死において。
ローヒト・ヴェミューテが遺書として残した詩(1)

町中にあふれるアンベードカル

二〇一六年はアンベードカル博士の生誕百二十五年にあたり、この節目の年を政府与党のインド人民党（ＢＪＰ）また最大野党である会議派は、それぞれ大規模な祝賀イベントで飾っていた。それは、アンベードカルの精神を受け継ぐのはわが政党という政治アピールを狙った祝賀レースさながらであり、町中に掲げられたアンベードカルのポスターは、これが故人のものとは思えない、一種異様な印象を与えていた。

アンベードカル博士。インドのカースト制度の最下層、いわゆる「不可触民」の生まれであり、生涯をかけてカーストによる差別撤廃に戦った人物である。また独立後のインド憲法の草案を起草した人物で、インド憲法の父としても知られている。アンベードカルの人気は今日においても絶大で、政治的シンボルとしての彼の存在感はガンディーやネルーを超えると言われている。ここでは、日本ではあまり知られていないインド民衆のリーダー、アンベードカルについて、そしてアンベードカルが生涯にわたって戦い続けたインドのカースト制度と、そのカースト制度をめぐって対立したガンディーとの関係について紹介したい。

インドのカースト制度

アンベードカルについて語る前に、インドのカースト制度について簡単に説明しておこう。カースト制度とは一言で言えば、ヒンドゥー教における身分制度のことである。カーストには、ヴァルナ（色を意味する）と呼ばれる四つの身分があり、上位から「バラモン（僧侶）」、「クシャトリア（戦士）」、「ヴァイシャ（庶民）」、「シュードラ（土俗民）」と階級が決められている。そして、シュードラのさらに下にあるのが「不可触民」という階級である。しかも驚くべきはその数で、二〇一一年の人口統計で**二億百万人**もの不可触民がいるとされている。

政治的象徴として担ぎ出されるアンベードカル

なお、カーストには、ヴァルナ以外にジャーティ（生まれを意味する）と呼ばれる「職能集団」を示す意味もある。しかし、このジャーティの数は二千とも三千とも言われ、多種多様なジャーティが存在する。なお、ジャーティはいずれかのヴァルナに属しており、たとえば「大工」というジャーティはシュードラのヴァルナに属するなどとされるが、このジャーティとヴァルナの組み合わせは地方によって変わってくる。つまり、大工のジャーティがある場所ではシュードラとして認識され、他の場所では他のヴァルナとして認識される。また、ジャーティとヴァルナの組み合わせが変化することもある。ある職業（ジャーティ）が上のヴァルナに上昇する、または下のヴァルナに下降するという現象が起こりうる。日本にかつてあった士農工商のような固定的な身分制度と異なり、歴史上長い年月をかけて形成されていったカースト制度はこのように流動的かつ多様で、その全容を解き明かすのは不可能と言われるくらい複雑な構造になっている。

一方、現在のインド社会において、社会におけるカーストの位置付けが急激に変化している点も理解すべきだろう。近年の経済発展の影響で、カーストが人びとの身分を決める絶対的な制約ではなくなりつつある。代わりにカースト以上に人びとの身分を決定付けているのは、英語、高等教育、そしてコンピュータの知識だ。特にＩＴ産業は、もともとのカーストにはなかった職業であり、カーストによる制約が少ないと言われている。また、不可触民の出でありながら、一九九七年から二〇〇二年までインドの第十代大統領を務めたＫ・Ｒ・ナラヤナン元大統領の例などは、今日のインドにおいて、たとえ下層カーストに生まれても、個人の努力次第では社会の上層に昇る可能性が生まれていることを物語っている。

しかしながら、カーストがインド社会から姿を消したのかと言えばそうではない。社会変化が起こっているとはいえ、それは都市部に限った話であり、インドの村々では、良くも悪くも昔と変わらぬ人々の生活が営まれている。そこでは、旧来の価値観は色濃く残り、カースト制度もまたほぼ無傷のまま残されている。また、興味深いことに、カーストによる就職の制約や異なるカーストとの供食の禁止が薄れている都市部でも、婚姻における制約だけは厳格に残されている。同じカースト同士の結婚以外は認めないという風習は、上層カーストのみならず下層カーストにも生き続けている。

アンベードカルの闘争

こうした状況を踏まえた上で、アンベードカルの足跡をたどってみたい。アンベードカルは、一八九一年四月十四日、マディア・プラデーシュ州のマウーという村に不可触民として生まれ、六十五歳の生涯を閉じるまで、不可触民に向けられた差別の撤廃に戦い続けた。不可触民である彼のコミュニティでは、高等機関で教育を受けた者などいるはずがなかった。しかし、アンベードカルは猛勉強の末、一九一二年にボンベイ大学で学士号を取る。それだけでなく、ヴァドーダラー藩王《マハラジャ》から奨学金を受け、一九一三年から一九一六年まで海外留学、それも米国コロンビア大学で経済学、社会学、歴史学、哲学、人類学、政治学などを幅広く学んでいる。そして、同大学において経済学修士号、また博士号を取得する。その後は、ニューヨークからロンドンへ移り、ロンドン・スクール・オブ・エコノミクスへと進んだ。

しかし、そんなアンベードカルに対し、インド社会は冷淡だった。あるエピソードがある。アンベードカルがロンドン留学を終え、ボンベイからヴァドーダラー藩王の住むバローダに報告へ向かった時のことだ。藩王がアンベードカルの出迎えを命じたにもかかわらず、不可触民のアンベードカルをバローダの駅まで迎えに行く者はいなかった。それどころか外国帰りの不可触民を泊めてくれる宿さえなく、アンベードカルは、ゾロアスター教徒が経営する宿に偽名を使うことで何とかその日の宿を得たというのである。アンベードカルは語る。

インドは不平等社会である。ヒンズー社会は梯子《はしご》も入口もない何階かの塔のようなものだ。人はその生れた階の中で一生を終えるしかない。ヒンズー社会は三つの要素から成立っている。ブラーミン〔バラモン〕、非ブラーミンそして不可触民である。(2)

不可触民は他のヒンドゥー教徒にとって触れることはおろか、その影や声を聞くことさえ「不浄」とされ、忌み嫌われている存在だ。住む場所もコミュニティの外れの、不潔で生活用水もない場所に定められ、木の葉や泥小屋の家に住み、その暮らしは家畜以下だとされている。そして、何よりも不可触民の人びとを苦しめたのは、村の共同井戸の使用が禁じられていたことだった。自分たちの井戸を掘る力のない不可触民は、上位カーストの憐みにすがり、その人びとが水を汲んであたえてくれるまで、朝から晩まで井戸の周りで待つしかなかった。インドには酷暑期と呼ばれる外にいるだけで命の危険が及ぶほど暑い時期がある。しかし、そのような時期でも、生きるために絶対不可欠な水を自由に得ることができなかった。

このような不可触民に対する差別的状況に対して、アンベードカルは立ち上がり大規模な不可触民差別撤廃運動を起こす。そして、アンベードカルの人生を決定的に変える一九二七年の「マハード大行進」が起こる。一九二三年、ボンベイ州では「ボーレ決議」と呼ばれる不可触民階級への公共施設の開放を命ずる法案が可決されていたが、その法令に基づく通達は有名無実化していた。そこで、一九二七年アンベードカルはマハード市にあるチャオダール・タンク

（貯水池）の開放を目指し大規模な抗議集会を行う。このアンベードカルの呼びかけに応じた不可触民たちは一万人を越え、下は十五歳から上は七十歳までわずかな食糧を背負い、はるばるマハード市に集まってきた。大会議長のアンベードカルは、半裸のみすぼらしい姿をした、しかし熱っぽい眼を輝かせる老若男女に対して、不可触民はもっと自分たちに自信をもつべきだと訴えた。そして、キリスト教徒やムスリムには貯水池を使わせながら、同じ宗教を信じる不可触民には水を与えないヒンドゥー教徒の非人道的行為を非難し、ヒンドゥー教徒に対して不可触民が反旗を翻すという歴史的な運動に出た。この運動の結果、チャオダール・タンクは不可触民にも開放されることとなる。

アンベードカルは語る。

> 失った権利は、略奪者に嘆願したり、かれらの良心に訴えたりすることによっては決して取り戻すことはできない。それを可能にするのは容赦ない戦いのみである。(3)

しかし、このようなアンベードカルの強硬な姿勢は、やがてインド独立の父ガンディーとの激しい対立を生むことになる。

アンベードカル対ガンディー

日本では聖人のように思われているガンディーだが、インドでのガンディーに対する評価は様々だ。もし幾会があれば、インド人にガンディーをどう思うか聞いてみて欲しい。個人の評価なので断定はできないが、十人に一人くらいはガンディーを良くないと思う人に出会うのではないだろうか。いや、もっと多いかもしれない。そこで、アンベードカルについて同じ質問をして欲しい。およそ百人に一人も公然とアンベードカルを非難する人はいないだろう。

ガンディーの真意を読み取ることは非常に難しく、よくガンディーの言説は矛盾していると言われるが、ガンディーは不可触民に同情し、彼らをハリジャン（神の子）と呼び彼らへの差別撤廃に尽力したものの、カースト制度そのものを撤廃しようとはしなかった。アンベードカルはあくまでカースト制度の廃止を訴えたが、ガンディーの考えでは、カースト制度はそのままに不可触民制だけを廃止し、不可触民を第五位カーストの地位にするというものだった。

アンベードカルとガンディーの間の溝は、初めて両者が対面した時から生じていた。すでにインドの国民的指導者となり、インドの独立の最前線に立つガンディーに対し、アンベードカルは堂々と「私には祖国がありません」と言い放つ。その言葉の真意を確かめようとするガンディーに、アンベードカルは以下のように続ける。

あなたは、私に祖国があるとおっしゃいましたが、くり返していいます。私にはありません。犬や猫のようにあしらわれ、水も飲めないようなところを、どうして祖国だとか、自分の宗教だとかいえるでしょう。自尊心のある不可触民なら誰一人としてこの国を誇りに思うものはありません。(4)

後に、ガンディーとアンベードカルは、不可触民に対する、人口比率に基づく特別代表権〔選挙権〕の付与をめぐって真っ向から対立する。この時、ガンディーは自身の考えを以下のように述べる。

何度もくり返したように、ヒンズー教徒、回教徒〔イスラム教徒〕、シク教徒が受け入れられる決議には、会議派〔国民会議派〕は常に賛成してきた。が、それはその他の少数派コミュニティには特別保留議席も特別選挙も認めないということの上でである。(5)
アンベードカルの要求は、必ずやヒンズー社会に分裂をきたすであろう。不可触民が回教徒あるいはクリスチャンに改宗しようと少しも意に介さない。しかし、各村落に二つの分裂したコミュニティが生まれることには耐えられない。不可触民の政治的権利を唱えるこれらの人びとは、インドを知らず、インド社会がどのようにして今日に到ったのかを知らぬものである。それ故私は断固として言明する。最後の一人になろうと死を賭してでも反

ナーグプルの仏教徒の会合におけるアンベードカル（1956年10月15日）

対し抜くであろう。(6)

この言葉どおり、一九三二年ガンディーは最初の「死に至る断食」を行い、不可触民たちが特別枠として議席を得ることを阻止し、不可触民が団結してインド政治の土俵に登場するのを防いだ。不可触民の権利擁護を求めて闘い続けたアンベードカルだが、ガンディーの前では自身の悲願を達成することができなかった。

それでもアンベードカルは立ち止まることはなかった。彼は、インド独立後に法務大臣、労働大臣を歴任し、その間にインドで初めての憲法を起草し、同憲法中に不可触民に対する差別を廃止するという明確な条項を設ける。

しかし、それだけでは不可触民の問題が解決されるわけではないことを知っていたアンベードカルは、彼の人生において最大の決断をする。

ヒンドゥー教からの改宗である。アンベードカルはヒンドゥー教徒であり続ける限り、不可触民への差別はなくならないという結論に至る。そして熟考の末、一九五六年十月十四日にヒンドゥー教を捨てて仏教に改宗する。その時、アンベードカルに倣い、三十万人もの不可触民もアンベードカルとともに仏教に帰依する。しかし、仏教に帰依したわずか二カ月後に、アンベードカルは以前から患っていた糖尿病が悪化し、その炎のような人生に終止符が打たれる。

いまも生き続けるアンベードカル

日本ではあまり知られていないカーストをめぐる対立が、民衆のリーダー、アンベードカルとインド建国の父、ガンディーの間にはあった。失意のうちに亡くなったアンベードカルだが、冒頭のアンベードカル祝賀キャンペーンが示しているように、彼は決して過去の人となったのではなく、現代のインド社会にも生き続けている。

晩年アンベードカルは、インドが政治形態としてではなく、その実態において民主主義を維持するための要件の一つに「社会的民主主義」の確立を主張している。社会的民主主義とは「自由・平等・博愛を基調とする生活の在り方」であり、これが実現しなければ、たとえ政治的には民主主義を獲得したとしても、真の民主主義社会とは言えないと断言する。まるで、いまのインド社会を予見していたかのような言葉だ。大英帝国からの独立を獲得し、自国の憲法を制定し、独立国家として自治を獲得したインドだが、その内部ではいまだに社会的不平等、経済的不平等で苦しむ人は多い。この問題を解決しない限り、インドの真の独立はないとするアンベードカルの言葉が、いまでも多くのインド人の心で響き続けているのだろう。

アンベードカルは、自身が起草したインド憲法が施行される日（一九五〇年一月二十六日）を念頭に、以下の言葉で警告を発している。

一九五〇年一月二六日を期して、われわれは新たな矛盾した世界へ一歩踏み出すことになる。それは政治的平等と社会・経済的不平等という矛盾である。われわれは速やかにこの矛盾を取り除かねばならない。さもなければ、不平等に苦しむ人びとはやがて、今われわれが苦労してかち取った政治的平等性をもその土台から吹き飛ばしてしまうであろう。[7]

註

（1）二〇一六年一月、南インドにあるハイデラバード大学で、ある若手研究者が自殺した。彼の名前は、ローヒト・ヴェミューテ。不可触民の彼に向けられた差別を、ローヒトは自らの命をもって訴えた。彼の死はインド各紙の一面で大きく取り上げられ、多くの議論を呼び起こした。

（2）ダナンジャイ・キール『アンベードカルの生涯』（山際素男訳、光文社新書、二〇〇五年）五三頁

（3）同七九頁
（4）同一三五―一三六頁
（5）同一五一頁
（6）同一五二頁
（7）同二九三頁

三　ＪＮＵが動くとき

「インドはまだまだ貧しくて、色々な人間が住んでいる社会だから、政治が重要なの。日本は豊かさを手に入れて、政治があまり重要視されなくなったのかもしれないわね。どちらがいいかの問題ではなくてね」

（ネルー大学の国際政治学者）

ＪＮＵ

ネルー大学、通称ＪＮＵをご存知だろうか？

ジャワーハルラール・ネルー大学（Jawaharlal Nehru University（頭文字を取ってＪＮＵ））は、首都デリーにキャンパスをもち、同じくデリーにキャンパスを構える国立デリー大学（University of Delhi（通称ＤＵ））と並びインドの高等教育機関の双璧をなす最高学府だ。そのＪＮＵにおいて、現政権を揺さぶる大規模なデモ活動が起こった。今の日本では考えられないような学生運動がインドでは起こっている。議論好きなインド人を象徴するような、インド社会の一幕を紹介したい。
インドは、当然、教育分野においても他を圧倒する数を誇っている。特に教育熱心な国柄もあって、インドの学生数の合計は二〇一一年の人口統計で**三億一千五百万人**。[1] 人口の約半分が二十五歳以下のインドで、かつ働きながら勉強する層も考慮すれば、あり得る数字だ。そのうち、二〇一六年時点でインドの大学進学率（短大を含む）は**二六・九三%**。[2] ネルー大学の倍率に関しては、二〇一八年の入学試験で全学部あわせて約三千名の定員に対し、七万六千名の応募があった。[3] 単純計算で倍率二十五倍。ネルー大生の中に自分たちが選ばれた人間だという意識があることは想像に難くない。

もう少し今回のデモの舞台となったＪＮＵについて説明しておこう。インドの初代首相ネルーの名にちなんだＪＮＵは、ネルーが亡くなった後一九六九年に彼の精神を受け継ぐように設立された大学院大学だ。インド工科大学（ＩＩＴ）が、世界の労働市場で引っ張りだこのインド人ＩＴ人材を育成している理系の総本山だとすれば、ネルー大学は社会科学系のそれにあたる。ちなみに、インドの大学（University）はその傘下に多くのカレッジ（College）をもっている。カレッジでは学士課程の授業が行われ、修士以上になると大学（University）で授業が行われるのがほとんどだが、ＪＮＵにはカレッジがなく、外国語学部を除いてすべて修士課程以上の授業が行われている。

ＪＮＵは南デリーに四平方キロメートルほどの土地をもつ広大なキャンパスを誇る。さらに

ＪＮＵはその卒業生のもつ「ＪＮＵネットワーク」と呼ばれる強力な結束でつながっている。大学の学長、研究機関の所長などがＪＮＵ卒業生であることも珍しい話ではない。

ＪＮＵの学生運動

ＪＮＵの学生運動を理解するには、実際にキャンパスを訪れてみなくてはならない。キャンパスの至るところに貼り散らされたポスターや壁画のメッセージが、ＪＮＵの学生運動の激しさを物語っている。

その中で、外国人の目から見るとひときわ目につくのがＪＮＵに根付く「マルクス主義」の伝統だ。キャンパスに貼られているポスターのほとんどが共産主義・社会主義擁護のメッセージだと思えるほどだ。

これらのポスターが語るのは、ＪＮＵ内では今でも反資本主義、反市場主義、反グローバリズムのメッセージが公然と主張されている実態だ。たとえば、ＪＮＵではコカ・コーラやペプシは販売されておらず、売られている炭酸飲料はサムズ・アップ（Thumbs Up）と呼ばれる国産の炭酸飲料のみだ。以前、キャンパス内にネスカフェが店舗を出したが、多国籍企業の店舗進出は資本主義の侵略であるという学生の抗議運動が起こり、閉鎖させられた。二〇〇九年には、ＪＮＵの授業料の八十ルピー（約百二十円）値上げに対しても大々的な抗議活動が起こっている。

時に「エリート主義」「偽善的」「わがまま」と批判されることのあるＪＮＵの抗議活動だが、

二〇一二年十二月に起こった「ギャング・レイプ」において、後にインド全土に広まる女性の権利擁護運動の口火を切ったのはＪＮＵの学生による抗議活動だった。[4] 事件の翌々日にはＪＮＵの学生が大規模なデモ運動を実施し、地元の警察当局の前で抗議活動を行った。それがきっかけとなり、デモは全国規模に広がり、同事件がインド内外で大きく報じられるようになった。

ＪＮＵ学生連盟長（ＪＮＵＳＵ）の逮捕とその波紋

さて、今回の事件。発端は、二〇一六年二月九日に予定されていた「郵便局のない国」と呼ばれるイベントから始まった。同イベントは、インド独立当時からの問題であるジャンム・カシミール問題について議論するという内容だった。ちなみに、イベント名「郵便局のない国」は、カシミールのある郵便局員が既に焼かれて灰になった家の郵便ポストへ郵便物を届けようとした時の無力感、やるせなさを表したある詩の題名からつけられたものだ。

インド北部に位置するカシミールの問題は、隣国パキスタンとの国境問題でもあり、イスラームとヒンドゥーの宗教対立でもあり、マイノリティ問題でもあるなど、インド政府の頸動脈とも言える部分だが、主催者側の主張では、同イベントは中立の立場からカシミール問題について話し合う場を設けるというものだった。何カ月も前から準備が進められ、キャンパスの至るところにイベントのポスターが貼られていたが、同イベント開始直前になって、イベント実施の許可が却下されるという事態が起きた。既にイベント会場に集まっていた聴衆は大学側の突然の対応に怒りをあらわにして抗議を行ったが、ここに、インドの大学ポリティックスが絡みあってくる。

イベントは、ＤＳＵ（Democratic Students' Union）やMarxist-Leninist-Maoist Group という左翼系団体によって準備が進められていた。それに対し、現政権ＢＪＰの支持母体で極右組織として知られるＲＳＳと繋がりがあるとされる学生組織ＡＢＶＰ（Akhil Bharatiya Vidyarthi Parishad）がZee News のジャーナリストにイベントの情報を事前に流し、同ジャーナリストを数名キャンパス内に招き入れていた。イベント中止に怒りだした聴衆に対して、ＡＢＶＰは同じ会場で、同イベントが「反国家的イベント」だという糾弾を始める。二つの抗議がぶつかって騒然とした会場をZee News が捉えた。このニュースが全国で放映され、ＪＮＵ内で反国家的活動が進行しているというニュースがインド社会全体を駆け巡った。

JNU でのデモの様子。
Frontline（2016 年 3 月 18 日）

　こうした中、今回の事件の主役となる、ＪＮＵ学生組織連盟長（ＪＮＵＳＵ）であるカナイヤ・クマール氏が登場する。彼は、ＡＢＶＰの主導で始まったＪＮＵを反国家的であると断定する批判活動は正当ではないと、ＡＢＶＰの活動に対する大規模な反対キャンペーンの実施を計画するが、その時、本来キャンパス内の自治が認められているはずのＪＮＵ内に警察が突入し、カナイヤ氏を含めた六名の学生が「煽動罪」の容疑で逮捕された。インド世論を動かしてきたと自負するＪＮＵにとって、今回の事件は「言論の自由」の抑圧と映った。ここからＪＮＵによる現政権に対する猛烈な抗議活動が始まった。特に、インド当局がＪＮＵの学生活動の長である学生組織連盟長を逮捕したことで、事件は、一学生運動家に対する逮捕ではなく、ＪＮＵそのものに対する国家干渉として受け止められた。

その後、学生のみならず教員組合（ＪＮＵＴＡ）も抗議活動に加わり、ＪＮＵ内での大行進や集会などの抗議活動が連日行われた。私もたまたまＪＮＵに居合わせたが、闘いに目覚めた時のＪＮＵの凄まじさを垣間見た気がした。この抗議活動には最大野党の会議派のラーフル・ガンディーなど大物政治家も駆けつけ、またインドの他地域にも飛び火し、全国的なデモ活動へと発展していった。

デモの結果、三月二日には、インド高等裁判所は、煽動罪の容疑で逮捕したカナイヤ氏を証拠不十分として保釈する。この時、事件の渦中にあったカナイヤ氏はすでに時の人となっていた。詰めかけるサポーターの前で、彼は、言論の自由を訴える勝ち鬨のスピーチを行い、その存在感を見せつけた。

インドの煽動罪

今回の事件では、インドの「煽動罪」という法律に注目が集まった。特にJNU内のイベントでカシミールの独立をスローガンとして叫んだかどうか、つまり反国家的なスローガンを掲げていたかが議論された。

なお、インドの法律では、反国家的煽動罪となる行為を、以下のように定めている。

話し言葉、書き言葉、記号若しくはいかなる可視的表現によってインドの法律によって成立した政府に対する嫌悪もしくは不満を煽動するものは終身刑に処す。

これでは、まるで表現の自由を無視した法律のように聞こえるかもしれないが、煽動罪に似た法律をもつ国はインドだけではない。しかし、「煽動罪」を適用する際、いくつかの問題がある。今回の事件ではそれが顕在化した。

まずは、「煽動罪」を行使すること自体が両刃であるという点だ。

「煽動罪」の適用は、そのまま個人の表現の自由に対する国家干渉という批判を免れられない。事実、今回、煽動罪を適用した現政権に対し、ＪＮＵが正面から立ち向かい勝利を収めたことで、逆に現政権の方が個人の表現の自由を抑圧しようとしているというイメージを植え付けられる結果となった。

なお、インドの煽動罪については、一九六四年に有名なKedar Nath Singh対ビハール州政府の裁判において最高裁判所が「煽動罪」に当たる行為は直接的に暴力や暴動に繋がる時に限るという判決を下している。このことから、そもそも煽動罪が適用できる条件は限定的であり、仮に「郵便局のない国」のイベントで誰かが「カシミールの独立」と叫んでいたとしても、それが直接「煽動罪」にあたったかは定かではない。

最後に、インドの「煽動罪」がインド独立以前に制定された法律であるという点も今回の事件のポイントだった。なぜならば、英領インドにおいて定められた「煽動罪」については、ガンディーがまさに同法によって処罰されているという歴史があるからだ。ガンディーが同法で処罰される時の有名なスピーチを紹介したい。

今回、私が喜んでその罰を受けるSection124A（煽動罪の項）は、恐らく民衆の自由を抑圧するために作られたインド刑法の極みでしょう。愛情は法律によって作られたり、規制されたりできるものではありません。もしある者が、ある者に対して全く愛情をもっていないとしたら、その者が直接暴力を考え、促し、掻き立てない限りは、その愛情がない理由を十分に表現するべきでしょう。そして、私は、全体において、以前の制度と比べより多くの害をインドにもたらす現政権に対して嫌悪をもっているということを美徳として考えているのです。

こうしたことからも、今回の事件で「煽動罪」を適用することで逆に勝利を収める結果となったのはJNUであり、現政権側は相手を殴りつけたようで、実は自分の拳を痛める結果となってしまった。

一方で、JNUでの抗議活動に関しては、何かと問題を探し出しては騒ぎ立てるJNU体質に過ぎないという批判もあった。また、今回の事件は、以前からJNUが過激左翼思想の温床となっているというイメージを強化し、JNU嫌いの人を増やしたに過ぎないという批判や、ABVPを支援する女子学生の寮の部屋が左翼学生によって荒らされるという出来事もあるなど、言いようによっては質の悪い学生のノリに過ぎなかったという見方もある。

政治には常に表の顔と裏の顔があり、どちらかを断罪することは容易ではない。ただ政権に対し、一歩もひかず抗議活動を展開したインドの学生たちの勢いを目の当たりにして、それほどのエネルギーと行動力をもつ学生が今の日本にいるだろうかと考えさせられた。大人げない、時代遅れだとも言えるが、ハングリー精神あふれる若いインド人のエネルギーの爆発からは、そうした言葉だけでは片付けられない何かを感じた。どちらが良いかの問題ではなく、インドでは政治は重要なのだ。不正に対し、相手が政府だろうと真っ向から勝負を挑む。まさに「議論好きなインド人」の神髄と言ってもいいだろう。

なお、これら一連の現政権に対するデモ活動が行われていた間も、ＪＮＵは人材開発省が二〇一六年四月に発表したインド国内の大学ランキングにおいて、文系の大学として一位の座についている。

註

（1）*Times of India*（二〇一四年七月三日）https://timesofindia.indiatimes.com/india/At-315-million-India-has-the-most-students-in-world/articleshow/37669667.cms

（2）二〇一六年世界の大学進学率国別比較統計・国別順位・ランク（グローバル・ノート）出典：UNESCO

（3）*Indian Express* 誌（二〇一八年十二月二十五日）https://indianexpress.com/article/cities/delhi/we-have-received-76000-applications-this-year-down-by-3000-says-jnu/

（4）「ギャング・レイプ」は二〇一二年十二月十六日にインドの首都ニューデリーで医者実習生の女性と友人男性が無許可のバスに乗った際、六人の男性からレイプされたうえ、友人男性も鉄パイプなどで殴られ、車外に放り出された事件。女性は死亡、男性も重体となった。

四　ベジタリアン大国インド

鍋ワークショップ

インドは言わずと知れたベジタリアン大国である。世界でも最も多いベジタリアン人口を抱えるベジタリアンのトップランナーであり、その数は人口の三十％以上、実に**三億七千万人以上**と言われている。逆に言えば、人口の三分の二がノン・ベジタリアンということでもあり「インド＝ベジタリアン」という決めつけもできないが、それでも、その人口からインドが世界を代表するベジタリアン国家であることは間違いない。ここでは、そうしたベジタリアン大国インドについて紹介したい。

以前、インド人に日本の「鍋」の魅力を知ってもらおうと、デリーの日本食レストランに協力してもらい、「鍋ワークショップ」を開いたことがある。意外に聞こえるかもしれないが、日本食イベントで日本の鍋を選んだ理由は、日本食に馴染みが薄いインド人でも、鍋ならば食べられるからだ。インド駐在時、インドの知人に鍋を振る舞うといつも好評だった。

外国で生活していると、外国人に日本食を振る舞うという経験を誰もがすると思う。そんな時、メニューの決め方にはちょっとしたコツがある。それは、相手が食べ慣れている物からあまりかけ離れていないものを選ぶことだ。同時にすこしだけ異国情緒が感じられる物を選ぶといい。このあたりの塩梅がちょうどいいと和食イベントは成功する。

こうした意味でも、「鍋」は打ってつけだった。カレーが中心のインドにおいて、煮込み料理は珍しくないが、味付けがスパイスではなく醤油というところに異国情緒がある。

また、鍋は、インド人の日本食に対してもつ以下のイメージを変えると思った。

一　日本食はノン・ベジ（肉・卵を使った料理。野菜だけを使ったベジタリアン料理がないという意味）

二　日本食は高級（洗練されているという意味と、単に値段が高いという意味）

三　日本食は味が薄い、または味がない（多くのインド人にとって辛くないと味がないことになる）

四　日本食は辛くない（そのままの意味）

鍋ならば、湯豆腐など菜食料理だけで出すことができる。また、寿司などと比べて格段に安く、現地の食材だけで作ることもできる。そして、自分の器に盛ってから味を足すことができるため、味や辛さの調整も可能だ。手前味噌ながら、この企画はなかなかの着眼点だろうという自負があった。しかし、このイベントの準備中、当センターのスタッフの間である議論が起こった。

イベント当日は、ベジタリアンの方も参加できるように、ダシは昆布から取ることにした。そうすると、スタッフの間で、昆布はベジ（ベジタリアン）か、ノン・ベジ（ノン・ベジタリアン）かという議論が沸き起こった。もちろん、昆布などの海藻は野菜と同じベジに分類されるべき食材だ。しかし、インド人スタッフに言わせれば、インドでは、海藻は普段から食べられている食材ではない。普段食べる野菜でないということは、それは「ＮＯＴベジタブル」ということになり、イベント参加者の中には、昆布もノン・ベジだと思う人がいるかもしれないという論理が立ったのだ。このいかにもインド人らしい強引な論理展開にはさすがに驚いた。ひとしきり議論した後、今回はインド人の考える基準ではなく、各国で認められている世界基準に則るという少し強引なやり方で、「昆布ベジ、ノンベジ論争」を押し切った。しかし、一時はイベントの中止も頭をよぎるほどの論争で、ベジタリアンとは何かについて考えさせられるきっかけとなった。

ベジタリアン大国インド

日本人にはあまり馴染みないベジタリアンだが、一言でベジタリアンといっても、いくつか種類がある。大別すると、以下のとおりだ。

ヴィーガン：すべての動物由来の食物を摂らない。はちみつなども摂取しない。
フルータリアン：果物やナッツなど木の実以外は食べない。
ラクト・ベジタリアン：肉や魚介は食べないが、乳製品は摂る。
オヴォ・ベジタリアン：肉や魚介は避けるが、卵は摂る。
ラクト・オヴォ・ベジタリアン：肉や魚介は避けるが、乳製品と卵は摂る。
ペスコ・ベジタリアン：肉、卵、乳製品は摂らないが、魚介は摂る。
ノン・ミート・イーター：肉だけは食べないが、他の食材は摂る。

この中で、インドで多いのは乳製品は摂るラクト・ベジタリアンである。そもそもなぜインドにベジタリアンが多いのだろうか。これには、インドの宗教の歴史と深いつながりがある。

実は、ヴェーダ時代（紀元前一五〇〇年から紀元前五〇〇年頃まで）と呼ばれる古代インドにおいて、ベジタリアン文化は今日のような形では存在していなかった。この頃には既にヒンドゥー教の原型は存在していたが、社会の高位とされているバラモンたちは肉食だった。インド社会にベジタリアン文化が定着していったのは、ヒンドゥー教から仏教とジャイナ教が分かれていってからである。特に厳しい戒律を課すジャイナ教では、不殺生《アヒンサー》を含む五大誓（五戒）

鍋ワークショップの様子

が確立され、この教えから肉食を避け菜食を選ぶ風潮が生まれた。

なお、インドのベジタリアンの中でもジャイナ教のベジタリアンには上記のヴィーガンよりも徹底した菜食主義者として、掘り起こす際に地中の虫を殺してしまうため、球根類（じゃがいもやニンジンなど）の野菜を食べることも回避するような者もいる。また、日が暮れてからの食事を慎む者もいるが、それは暗くなってから誤って虫などを食べてしまわないためだ。さらには、ジャイナ教では植物にも命が宿っていると考えるため、菜食であっても殺生であると考えられている。そのためジャイナ教では、修行者は断食して命を絶つことさえ称賛されている。

このジャイナ教の不殺生の教えが、逆輸入され、ヒンドゥー教に取り入れられていく過程で、インド社会におけるベジタリアン文化が形成されていった。こうしたことから、インドではベジ、ノン・ベジを厳格に分ける必要があり、すべての食品にはベジ、ノン・ベジを明示するラベリングが法律で義務付けられている。なお、このラベリングは徹底したもので、インドの田舎町に行っても、いや、むしろインドの田舎町でこそベジ、ノン・ベジの表示は徹底されているようだ。このように、ベジとノン・ベジの完全な共存が確立され、しかもなかにはジャイナ教徒のような徹底したベジタリアンもいるインドでは、昆布のような馴染みない食材が入り込むだけで、それがベジかノン・ベジかの論争が巻き起こるのだろう。

インドのベジタリアン文化に関する原稿を書いていると、日本の宮沢賢治の研究者であり、インドの大学にも客員教授として来ていただいた望月善次岩手大学名誉教授からこんなコメントをいただいた。

世界の食に関する歴史は、どれだけ肉が食べられるかにあったと言えると思います。世界の為政者が、色々な理屈をつけながら、自分達はどうして肉食を確保したかがその歴史にあった中で、インドが菜食の道を選んだのは画期的であったと思います。

こうして言われてみると、確かに倫理的観念あるいは環境的配慮からベジタリアンを目指す人が増えてきている現代において、歴史的にベジタリアン文化の先頭を走り続けてきたインドをもっと評価する必要があることに気が付く。

日本の現状

では、日本のベジタリアン事情はどうだろう。一部では精進料理のような文化はあるものの、一般的にいって、日本はベジタリアン文化への理解およびベジタリアン文化の浸透が進んでいる国ではない。仕事で海外から外国人を招く際、一番困るのが参加者の中にベジタリアンがいる時の食事対応だ。特に地方の旅館に宿泊する時など、事前にどれだけベジタリアンの食事をお願いしても、お椀のふたを開ければエビが入っていたりする。日本人の「おもてなし精神」からすれば、野菜だけの料理では外国のお客様には申し訳なく思う気持ちも分かるが、もう少しベジタリアンという概念が理解されていく必要もある。

このことは、食事がインド人の来日にとって障害となっているという観点から重大である。上述のとおり、インドでは日本食はノン・ベジというイメージが定着している。ベジ、ノン・ベジの区別は食品やレストランのメニューのラベルを見るだけで確認できるインド社会の人間にとって、提供される料理がベジタリアン料理かどうかを確認する手段がない社会へ行くことがどれほど不安か、想像してみれば分かるだろう。日本の人口の三倍近い三億人ものインド人ベジタリアンが安心して日本に来られる環境を整えることは、日印両国の人的交流にとって大きなプラスだ。ちなみに、日本政府観光庁のデータによると二〇一四年まで日本にくるインド人観光客数は**年間六万~八万人**を行き来していたが、二〇一五年には**十七万五千人**に急増している。これからも良好な日印関係に後押しされて日本を訪れるインド人は増えてくることが期待されている。日本は官民あげてインド人旅行客に対し、より積極的な日本アピールを行っている。そうであればこそ、国内のベジタリアン・フードについて本腰を入れて考えてみてもいいだろう。この点について、日本はインドから学べることが多い。

現在、日本はインドの優秀なＩＴ人材の獲得にも力を入れているが、大学の国際化戦略の一つとして、より多くの学食でベジタリアン料理が食べられる環境を整えるのはどうだろうかと思う。彼らが安心して料理が食べられる環境を整えておくことは、講義を英語で行うことと同様に、戦略として有効なはずである。既に欧米の有名大学では、ヴィーガン料理の提供は当たり前になっている。

飽食の時代に

「田中さん、今度日本に行くから一緒にご飯食べましょう」

インド留学時代からお世話になっているＲ氏から電話が来たのは、年の暮れも近づいた、冬の寒い日だった。

「いいですね、久しぶりに鳥鍋でもしますか?」と私が聞くと、

「あぁ、私はもう肉食をやめたんです」とＲ氏。

予想外の返答に驚きながら理由を聞くと、これといった理由があるわけではなく、昔から鳥

や山羊が殺されるのを見るのは好きじゃなかった。だから、ある時決心して、これからは鳥や山羊は食べないようにしたのだという。

こういう人にインドではよく出会う。それほどベジタリアンが身近な存在であり、社会全体でベジタリアンの体制が整っているのだ。インドでは、ベジタリアンになりたければその日からなることが可能だ。

いま世界でも菜食が見直されている。いままで進歩だと言われてきたが、実は体への負担が重く、地球環境への負荷が著しい肉食を、本当にそれが進歩だったのか問い直す人が増えてきているのだ。「世界の食に関する歴史が、どれだけ肉が食べられるかにあった中で、インドが菜食の道を選んだのは画期的であった」という望月先生の言葉を思い返してみる。インドの食文化は、そうした進歩・発展と信じられていたものをひっくり返すような食文化だと言えないだろうか。以下は、日本のお歳暮シーズンではお馴染みのコマーシャルだが、インド人の視点に立てば、かなり奇異に映る映像なはずだ。

「口の中でとろけるこの霜降の牛肉、どうですか」という和牛の宣伝の後に、「身がぎっしり詰まったカニ。甲羅をあけたら、ほらカニ味噌がこんなに」というズワイガニの宣伝が続き、「このぷりっぷりのエビ、新鮮でしょう」というクルマエビの宣伝が続く。

ここで扱っているのはすべて生き物の死肉だ。それは当たり前のことだが、自分の見方をひっくり返してみた時、際限ない肉食への欲求を掻き立てる現代社会の後進性と、その欲求をコントロールし、誰もがいつでもベジタリアンになれるインド社会の先進性という見方が生まれてくる。

五　インドとお酒

グジャラート州への出張

ここでは、インドにおけるお酒事情について紹介したい。

そのために、以前、出張でグジャラート州へ行った時の経験を紹介する。

グジャラート州。日本人には馴染みない地名だが、インドで暮らしていれば名前を聞かない日はないほど重要な州だ。

グジャラート州が重要な理由はいくつもある。インド独立の父であるガンディーの出身地であることはその一つだ。また、モディ首相の出身地でもある。モディ首相は二〇〇一年から二〇一四年までの同州の首相時代に大胆な経済改革を行い、「グジャラート・モデル」と呼ばれるグジャラート州の経済成長を実現させた。同州の発電能力を大幅に向上させ、グジャラートをインドでは考えられないほど停電の少ない州にしたことは有名だ。これに加えて、現在、総事業費九千億円の巨大国家事業「デリー・ムンバイ間産業大動脈構想（ＤＭＩＣ）」が進められている。この事業は、首都デリーと商業都市ムンバイを貨物専用鉄道で繋ぎ、その沿線上に工業団地などを整備し、デリー・ムンバイ間に一大産業地域を形成しようとする壮大な計画だ。これにより、インドの物流が飛躍的に向上することが見込まれている。この事業に対し、日本は計画段階から関わり、総事業費の七割を円借款を通じて貸し出すなど協力を行っている。(1) この事業が縦断する場所もグジャラート州だ。

いまグジャラート州では、多くの日本企業の進出が期待され、それに伴い日本語を勉強すれば良い職にありつけるという期待感が現地で高まっている。そのため、今まで日本語教育がほとんど行われてこなかったような場所で日本語教育が始まりつつあった。こうした状況を確認するため、私は、ニューデリーに派遣されていた日本語教育専門家と一緒にグジャラート州の州都アーメダバードへと向かったのだ。

周辺を砂漠に囲まれたアーメダバードはとにかく暑い。デリーも酷暑期にはかなりの気温になるが、アーメダバードはそれ以上だった。摂氏五十度近い中、一日中廻れるだけアポをこなし空港に向かったとき、手元の時計は夜八時を廻っていたが、その時刻になっても気温はほとんど下がってくれなかった。いつもなら、ここで冷えたビールで涼を取りたいところだが、アーメダバードの空港ではそれさえ許されなかった。なぜならガンディーの出身地であるグジャラート州は州全体が禁酒している禁酒州（ドライ・ステイト）だからだ。これは、暑さにやられた身体には堪えた。追い打ちをかけるように、我々の乗る飛行機が大幅に遅延。結局五時間近くを空港で過ごすことになった。夕飯も食べ終えてしまった私たちは、お酒も飲めず、これといった娯楽もないガラーンとした空港で、永遠とも思われる待ち時間をただ耐え忍ぶしかなかった。

インドの禁酒日

実は、インドの「禁酒」で痛い目を見たのはこの時が初めてではなかった。同じようなことを、私はインド赴任直後にも経験している。それは、私が、ニューデリーに赴任してきた新所長に対してデリー案内を買って出た時のことである。新所長にはできるだけ多様なインドを見てもらおうと、観光名所から庶民の生活空間までを廻る計画を立てた。インドの友人であるS君の協力も得て準備は万端。まずはデリー市民も通うＩＮＡマーケットへ向かった。ＩＮＡマーケットはインドの生活必需品なら何でも揃うと言われる巨大な市場で、内部は非常にインド的な場所だ。雑貨屋、八百屋と続いた先には肉屋も入っていて、その肉屋では、鶏は生きたまま保管されている。その鶏は注文に応じて絞められて、肉に変えられる。山羊の肉を売っている店もあり、その中に山羊の頭がいくつも並べてある店もあった。こうしたマーケットを赴任直後の新所長には歩いてもらった。

その後、ディッリー・ハートと呼ばれる観光客がよく行くスポットへ向かった。ここはインド各地の名産が集められた日本でいえば物産展のような所で、新所長にはインド流の値段交渉を経験してもらった。最後はショッピングモールへ行き、デリーのお洒落スポットの見学。半日がかりのデリー観光を終え、最後はモールで食事をして帰る計画だった。しかし、夕方頃になってその日がガンディーの誕生日であることに気が付いた。

インドで生活したことのある人ならピンと来るだろうが、ガンディーの誕生日はインド全土で禁酒日となる。ただ、私も隣にいた友人S君もよもや全面禁酒だとは思ってなかった。「大丈夫ですよ、五ツ星ホテルに行けば」。そう軽く言うS君についていってモールに隣接しているホテルに入ったが、答えは「Ｎｏ」。どこへ行っても、お酒を提供してくれる場所は見つからなかった。新所長の前でインド通のところを見せようとした私の魂胆は見事に破綻し、私たちは地下のフードコートで、どうにもならない喉の渇きをソフトドリンクでゴマかすしかなかった。

インドの酒事情

こう書くとそもそもインドではあまりお酒は飲まれないと思われるかもしれない。しかし、インド人もよくお酒を飲む。ただ、インドではお酒に対するイメージが極端に悪い。「禁欲」に高い価値を置くヒンドゥー教もあり、飲酒という享楽に対して負のイメージが与えられてきた。当然、人口の一割以上を占めるムスリムでは飲酒は厳禁だ。こうした状況において、お酒を飲むということは、よっぽど悪いことをしているように映るのだろう。地元の人が利用する酒屋では、店が鉄格子で守られ、酒を買いに来る客は格子の間からお金を渡し、渡された酒をひったくるようにもっていくような店が今でもある。そして、彼らは買った酒を紙袋にいれて隠すか、ジャケットの下に酒を隠しながらその場を去っていく。まるでヤクでも買っているような異様な雰囲気だ。なお、こうした酒屋はだいたい混みあっていて、酒を購入するにはインド人との押し合いへし合いを経験しなくてはいけない。ちょっとしたコツは、まず自分のお金を店員の手に摑ませること。金を摑ませることで、初めて店員に注文を聞いてもらえる。

また、インドではよく「ワイン・ショップ」と書かれた酒屋を見かける。ただ、大概こうした店にワインは置いてない。なぜワインと書くのかというと、イギリスがインドを植民地化した時、インドにワインがもたらされたが、このワインという単語が酒全般を指すものと理解されたため、今でも酒屋のことをワイン・ショップと呼んでいるのだという。

こうしたことからも推測できるが、インドでは伝統的に飲酒という行為は行われてきたものの、酒文化はあまり発達してこなかった。こうした状況はインドの村に行くとよりはっきりと分かる。インドの村では、酒はただ酔うためにあるという認識が強い。村人との酒盛りも何度か経験したが、日本では考えられない量のウイスキーを一気飲みしている村人も何度も見かけた。そういう村人はしばらくすれば酩酊し、歩けなくなっていた。

こうした事情もあるのだろう。インドではアルコール度数の高いハードリカー、特にウイスキーが人気だ。世界の酒消費量というデータがあるが、二〇一〇年時点でのインド人の一人当たりのビール消費量は**〇・一七リットル**で世界で百四十三位だが、蒸留酒になると一人当たり二・二九リットルで世界四十八位まで上がっている。(2) もう一つ興味深いデータがある。インドでは生涯全くお酒を口にしたことがない人の割合が七十四・二%、女性に限っては九十%もおり、これは世界的に見ても四十位と二十六位と高位である。一方で、飲酒者の一日当たりの平均飲酒量は六十二・七グラムで四位とこちらはさらに高い。このことから、インドではお酒は飲む人は飲むが、飲まない人は全く飲まないと二極化していることが分かる。

また、インドでは、ガンディー関連以外でも禁酒になることがある。たとえばインドでは選挙の前後数日間は酒の販売が禁止される。これは選挙の結果で興奮した人たちが酒の影響で暴力事件や暴動を起こすのを防ぐためだ。またインドの結婚式は基本的に禁酒だ。これはおめでたい席に社会的イメージの悪い飲酒はそぐわないと考えられているためだと聞いた。しかし、めでたい席でこそお酒を飲みたい気持ちもあるのだろう。式場の外側、駐車場などで隠れて飲酒する人たちを目にすることが少なくない。

隠れて飲酒すると言えば、私の伯父がインドへ来た時のエピソードがある。お酒好きの伯父だったので、ヒンドゥー教の聖地ヴァラナシへ行った時もお酒がないかレストランの店員に聞いたことがある。店員はニヤッと笑って、「ここは聖地ですからお酒は売っておりません。代わりに「スペシャル・ティー」ならあります」と言う。スペシャル・ティーとは何かと思ったが、何てことはない、紅茶ポットに入ったビールのことだった。ただ伯父はこの呑み方がえらく気に入ったらしく、その後もスペシャル・ティーを頼んでいた。

ちなみに、インドにはグジャラートのような禁酒州が他に三州（マニプール州、ミゾラム州、ナガランド州、いずれもインドの北東部にある）ある。これに加えて二〇一六年からは東インドのビハール州でも酒の販売が禁止され、南インドのゴアでは現在まで禁酒に関する議論が続いている。この他、二〇一七年にはインドの最高裁が主要な国道、州道から五百メートル以内での酒の販売を原則禁止するという通達を出すなど、インドでは飲酒をめぐる様々な動きが今日でも起きている。

インドのお酒、これから

インドのお酒事情について書く上で、インドのワイン事情についても触れておきたい。実は、最近インドの国産ワインの品質が急速に上がっている。インドを代表するワイナリー、スーラ社のワインなど日本でも入手可能なものも出始めた。

ある日本人が、このインドワインの魅力を発見し、一冊の本にまとめている。日本ソムリエ協会の資格をもち、総合商社伊藤忠の職員としてインドに駐在していた森下篤志氏だ。森下氏は、自身の資格を生かし、インドワインを一本一本、自ら試飲してその味、クオリティーを丁寧に記していった。それを『インドワイン百選』という本にまとめて自費出版した。この本の反響は大きく、日本人駐在員やその家族からインドワイン講座を頼まれるようになった。しかも、その後インドのレストラン経営者などから英訳の声が高まり、自ら英語訳を付けて英訳版も出版している。(3) インドでおいしい国産ワインが飲めるなんて、一昔前のインドを知る人にとっては信じられない現象だろう。

インドのお酒事情は一進一退を繰り返しながら、絶えず変化している。インドのアルコール消費量はこの十年で二倍に増加した。これからも経済成長を加速させ、外国文化との接触が増えていけば変化のスピードも上がっていくだろう。この変化をインド社会がどう受け止めていくのか。一つはっきりしていることは、外国からの直接投資を呼び込む以上、外国文化がインドへ流れ込んでくることは止められないということだ。

インドのお酒事情について書いていると、以前、ラジャスターン州の村にある友人宅へ遊びに行ったことを思い出す。私の友人はお酒を飲むが、それは彼の家族、特に母親には決して明かしてはならない秘密だった。そんな彼と、彼の実家の屋上で、ビール瓶を家族から隠しながらお酒を酌み交わしたことがあった。三十半ばにもなって、友達のお母さんにばれないようにお酒を飲むのはおかしかったが、ここにもインドの「今」と「昔」のせめぎ合いがあることを知った。インドのお酒事情は、社会の発展とともに大きく変化しているが、いつか村の女性たちとも一緒にお酒を交わす日が来たりするのだろうか。今は、そんなことは想像すらできない。

註

（１）「インフラ整備と新たな物流網の拡大――インドの投資環境の現状と課題（３）ビジネス短信――ジェトロ」(https:www.jetro.go.jp/biznews/2018/03/f9d01f0a002597fc.html)

（２）国際統計格付センター（http://top10.sakura.ne.jp/India-p6.html)

（３）英訳した際、取り上げるワインの本数を百本から二百五十本まで増やして出版している（日本経済新聞朝刊二〇一六年三月二十二日付）

六　私のインド留学体験記

留学の意義

若い頃に海外に留学するというのは何よりも大きな決断となろう。留学生活は決して楽しいことばかりではないが、見知らぬ国で勉強するというのは知的な興奮や内的な成長の機会が満ちている。

ただ最近は、外国留学の機会が増え、二〜三カ月の短期留学を選ぶ学生が増える一方、一年以上の長期留学をする日本人学生数は伸び悩んでいるという。就職活動が始まる時期に日本にいられるため、留学が就職にひびかない短期留学の方が長期留学より選ばれていると聞く。[1]同様に、インドなどを旅行するバックパッカーたちにも変化がある。今ほど通信手段が発達していない頃、インドに来るということは、日本との繋がりを絶つことを意味した。言い換えれば、日常から隔離された非日常の濃密な時間を過ごすことができた。しかし、今ではスマートフォン一つで、日本の家族、友人と瞬時につながれる。昔、バックパッカーが集まる安宿では、申し合わせずともみんなが食堂に集まり、ぬるいビールを飲みながらそれぞれの旅話に花をさかせていた。いまは晩ご飯を食べ終わると、みんな自室に戻り、スマホやパソコンに向き合っている。

外国留学にしても、バックパックにしても、昔より気軽に行けるようになった分、日常から切り離された特別な時間ではなくなってきているのかもしれない。こういう話を聞くと、私なんかは少し残念な気持ちになってしまう。日本の常識を疑い、今までの価値観を打ち破って、全く新しい考え方を身に付けるのが、留学の意義だと思うからだ。しかし、そうするには、物理的にも、精神的にも、そして情報からも一定期間日本から離れ、全く新しい世界で、もがいてみる必要がある。異文化を理解し、順応しようと奮闘する、その中で沸き起こる葛藤、孤独、焦り、興奮を経ることが、新しい自分に生まれ変わるという体験へとつながっていくのだと信じている。

欧米諸国への留学というのはだいぶ身近なものになってきたが、まだまだインドにまで留学する人は少ない。現地の受け入れ態勢も整っていないインド留学は、驚きの連続であり、今でも外国留学の原型ともいえるものを留めている。そこでここでは、日本ではあまり馴染みのないインド留学について、私が経験したことの一部を紹介しようと思う。私は学部時代にアメリカにも留学したが、インド留学はインパクトが違った。もちろん、それを好むかどうかは人それぞれだが、「今までの自分を変えたい」と本気で思うなら、インド留学も一つの選択肢ではないかと思う。

RPGのようなインド留学

「何でインドに留学しようと思ったのですか？」と聞かれることがあるが、その問いに対し、私は明確な答えをもっていない。「何となくの流れで」としか答えられないのだ。私は大学時代にインド哲学や、サンスクリット語やヒンディー文学を専攻していたわけではない。もともとインドとの縁はなかったが、大学卒業時に周囲の友人たちのように就職活動の波に乗ることができずにいた私は、とにかく外国に行きたい、それも発展途上国に行きたいという思いだけをもっていた。そんな私に対して、当時お世話になっていた麗澤大学の故永安幸正教授がインド留学を薦めてくれた。当時の私にとっては願ってもないチャンスで、その話に乗って、あれよあれよしているうちに本当にインドに来てしまった。このように、インドに関する予備知識がほとんどないままに始まった留学だっただけに、何から何まで体当たりでぶつかっていくしかなかった。

インドの留学はまるでテレビゲームのRPG（ロール・プレイング・ゲーム）のようだった。インドでは、大学院の寮に入るにも、学生証を発行してもらうにも、履修登録をするにも、すべて大学側の署名が必要となる。しかも、その署名をもらう相手が一人とは限らない。または支払いを済ませてからでないと署名してもらえない場合もある。

しかも、その支払いをするための部署が閉まっていたりする。担当者によっては平気で「明日、出直して来い」なんて言ってくる。そんな時「交渉する」「引き下がる」「友達を呼ぶ」「怒鳴り散らす」といった複数の選択肢が頭に浮かぶ。こうしたやり取りで相手を打ち負かせば、その場で署名がもらえる。負ければ、出直しだ。どの行動を取るかで結果は全く異なったものになってくる。自分の取る行動しだいでストーリーは展開し、ミッションをクリアーする度に一つずつ手続きが進んでいく。まるでテレビゲームのドラゴンクエストのような世界だった。しかも、こうした手続きに関して、大学からオリエンテーションが開かれることはない。自分は一体どこに行き、何をすればいいのかという情報から自分で集めないといけない。

カレー、コピー、停電、暗記

さらにインド留学について紹介しよう。キーワードは「カレー、コピー、停電、暗記」だ。

私は、インドの大学院在学時は寮で暮らした。つまり、インド人と同じ釜の飯を食べて暮らしていたわけだが、これが大変だった。よく「インド人は毎日カレーを食べるんですかー?」と冗談っぽく聞かれることがあるが、冗談ではなく毎日カレーを食べる。当然、私も彼らと一緒に毎日カレーを食べた。しかも、私が入った寮の食堂（メスと呼ばれた）の一週間のメインメニューは七つ。それが一年間ほとんど変わらなかった。つまり、月曜は卵カレー、火曜は野菜カレー、水曜はチキンカレー、木曜は野菜カレー、金曜はカレーピラフ、土曜はマトンカレー、日曜はパニール（インドのチーズ）カレーといった具合に同じメニューが一年間ずっと続く。メインメニューの他に豆カレーと生野菜がつく。ご飯とチャパティ（薄焼きのパンのようなもの）は食べ放題なので、腹は満たされるが、カレーの生活には本当に辟易した。朝、目を覚ますと、その日の夜のカレーの味を口の中で再現できるようにさえなっていた。

　私の留学したネルー大学には大きな図書館があった。ただし、本は借りられない。これは盗難防止のためと思われるが、本は館内閲覧のみが許されていた。しかも、バッグもパソコンも持ち込み厳禁なので、勉強する環境としてとても恵まれているとは言えなかった。その分、活躍するのがコピー屋だ。大学で使われる教科書などをコピー・セクションまでもっていくと安価でコピーをしてくれる。コピー・セクションには専門の「コピー・オジサン」がいて、コピー・オジサンに本を渡すと、教科書一冊まるまるだってコピーしてくれる。著作権としては大いに問題ありだが、それが実態だ。

　これに加えて、寮ではしょっちゅう停電が起こった。停電が起こると、勉強ができなくなった学生たちが建物の外に出て来て、チャーイでも飲みながら時間をつぶす。すぐに電気が戻ってくれればいいが、戻らないと、インド人学生が好き勝手に議論を始めたりする。チャーイを飲みながら、「野球とクリケットはどちらが優れたスポーツか？」という議論を果てしなくしていた学生のことを思い出す。ただ、試験の前日などで停電が起こったら大変だ。悠長にチャーイなんて飲んでいられないので、そんな時はまだバッテリーが残っているノートパソコンの電源を入れて、そのディスプレイから漏れる光で教科書を読んだ。「現代インド版ほたるの光」

とでも言えようか。

最後にインドの大学での授業についてだが、インドでは昔ながらの詰め込み教育が今でも行われている。インド教育のエッセンスは暗記にある。そして期末試験は、一教科三時間という長丁場の中で、いかに多くの事柄を解答用紙に書き込むかの勝負となる。原稿用紙より少し小さめの紙の上にどんどん解答を書き込んでいき、その紙が二十枚、三十枚となっていくような教育を生き残っていかなくてはいけない。

こうして世界にも名高い議論好きな（言い換えればそれだけの発信力をもつ）インドの知識人が出来上がる。

なお、こうした詰め込み教育を古い教育手法だと否定する人がいるが、そんな簡単に片付けられるものではないと思う。圧倒的な情報量を操る能力というのは、アスリートでたとえるなら「基礎体力」が凄まじい選手のようなものだ。彼らが、クリエイティブな思考といった「技術」を学んだ時、凄まじい情報量をクリティカルに操る世界でも稀有なプレーヤーとなる。こうしたインドの高度人材がいま世界中の労働市場で引っ張りだこなのだ。

インド留学の楽しみ

こんな留学生活ではストレスが溜まると思われるかもしれないが、インド留学はいたって気楽なものだった。暑い夜は友達と屋上までマットレスをもっていき、星を眺めながら、ビールを飲んで過ごした。

月のきれいな夜に大学の森の中を友達と一緒にバイクで駆け抜けたりした。また、大学のキャンパスにはダーバーと呼ばれる広場があり、そこでチャーイを飲みながら、永遠に続く議論をインド人学生と楽しんだりした。インド留学にはインド留学なりの楽しみ方がある。その中でも一番の楽しみは、何といってもダンス・パーティーだ。

インドの大学ではよくダンス・パーティーが開かれる。ただ、日本人が想像するようなダンス・パーティーとはかなり違う。まず男女が一緒に踊ることはほとんどない。男は男と踊り、女は女と踊る。いや、一緒に踊るというより一人ひとりで踊っているといった方が実態に近い。

しかし、この時ばかりは誰もがボリウッド・スターになりきり踊り狂う。ロマンスやムードはあまりないが、ただただ音楽にあわせて身体を動かすことを楽しむ。ある時、ダンス・パーティーの途中に大雨が降ってきた。野外だったため逃れる場所もなかった私たちは、音楽が止むまで踊り続けた。

ＤＪも音楽を止めたりしなかった。「Dance in the Rain」なんて言うが、実際にやってみると、本当にクレイジーな気持ちになってくる。確かにあの時、自分の中で何か弾け飛んだのをはっきりと覚えている。激しく振り続けるスコールの中、私は友人とともにただただ踊り狂った。びしょ濡れになって、踊り疲れても、それでも踊ることをやめなかった。そして夜通し踊りあかし、腹を減らした私たちは、インドのインスタント・ラーメン「マギー」を分け合って食べた。今まで感じたことのないほどの一体感を感じた。

価値観が崩れる

こんな風に私のインド留学生活は過ぎていったが、ある晩、私はとても悩んでいた。留学費用として貯めていたお金を使い過ぎてしまっていたようだったのだ。しかも、これから日本での就職のための筆記試験を受けに一時帰国しなくてはいけない。その航空券代を考えると状況はさらに深刻だった。

暗い部屋の中で、ベッドに横たわるが、どうにも寝付けない。たまらなくなって、私は部屋を飛び出し、バイクで深夜の町に駆け出した。別にバイクを走らせたからって、何かが変わるわけではない。でも、これ以上狭い部屋の中で悶々としていたくなかった。しばらくバイクを走らせていると、ふと一人のオートワーラー（オートと呼ばれるインドの三輪自動車を運転する人の呼称）がオートの屋根の上に寝そべって、気持ちよさそうに眠っている姿が目に入ってきた。その光景が妙に気になった私はバイクを止め、そのオートワーラーの姿を見ていた。そんな時、私の中でこんな思いがよぎった。「私はこのオートワーラーよりは幾分多くのお金をもっているだろう。でも、私の方はお金のことで汲々となって、居てもたってもいられなくなっている。それにひきかえ彼はあんなに平和そうにすやすや眠っている。この違いは一体何のだろうか」。

人は持ち物が増えると悩みも増えるのだろうか。お金は多くもっと少しでも足りないことを悩み、少なければ少しでもあることを喜ぶものなのだろうか。こうした思いが、目の前の光景から実感として湧いてきた。くたびれたシャツと穴の開いたズボンを穿いたやせた男が、自分より堂々と生きているように思えた。

インド留学の収穫は何だったのか。今でもはっきり分からないが、自分の価値観が崩れたことだったかもしれない。価値観が崩れるとは、何もなくなってしまうわけではない。ただ今まで正しいと信じていたことが、目の前の世界で通用しなくなった時、それ以外の正しさを身に付ける必要が出てくる。

その時、自分を守ってくれていたバリアーのような価値観の一部が崩れ、新たな価値観が生まれてくる。ちょうど筋トレすると、筋繊維の一部が切れ、その後の超回復でより強い筋繊維が生まれてくるように。こうした変化を何度も何度も繰り返していくうちに、自分の価値観は以前の価値観とは全く異なるものになっている。こうした経験がインド留学の収穫だったと言えるだろう。

豊かさとは何か。貧しさとは何か。人はどう生きるべきなのか。社会はどうあるべきか。こういった根源的な問いについて果てしなく考え続ける。そのうち自分を形作っていた価値観が少しずつ剝がれ落ち、知らず識らずのうちに新しい自分に生まれ変わっている。それが私のインド留学だった。それは、とても贅沢な時間だったと今になって思う。

註

（1）独立行政法人日本学生支援機構の調査（http://www.mext.go.jp/a_menu/koutou/ryugaku/__icsFiles/afieldfile/2017/12/27/1345878_02.pdf）

第二章

アナザー・インドへ

政治経済の実像——統計から見た大国

議会選挙投票率：66・40％（世界第103位＝2014年）
国会議員一人当たり人口：17万4372人（世界193位＝2019年）
実質GDP成長率（IMF統計）：7・05％（世界8位＝2019年）
消費者物価上昇率（OECD統計）：4・86％（世界第4位＝2018年）
消費者物価上昇率（IMF統計）：3・48％（世界第72位＝2018年）
株価伸び率：14・57％（世界第3位＝2018年）
公的教育費の対GDP比率：3・84％（世界第105位＝2013年）
軍事費の対GDP比率：2・49％（世界第35位＝2017年）
軍事兵力数：303万1000人（世界第1位＝2017年）
医療費の対GDP比率（世銀統計）：3.66％（世界第166位＝2016年）
失業率（ILO統計）：3.5％（世界第148位＝2017年）
貧困ライン以下の人口：3億5400万人（2009年）
中間層：5000万人－3億人（2009年）
実質金利：6・24％（世界第46位＝2017年）

一　ショッピングモールとキラナ

一変した都市風景

ここでは、インドの経済発展と、それに伴いインド各地で建設されるようになったショッピングモールについて紹介したい。

仕事のない週末、私はよく家族と一緒に自宅から車で一時間ほどのショッピングモールへ出かけた。焼けるような日差しから空調の効いたモールへと逃げ込み、入口でセキュリティ・チェックを抜けると、そこには別世界が広がっている。メインの通路ではシナモン・ロールの甘い香りがただよっていたりする。私は、近年インドにも進出したスターバックスによく行ったが、ホイップクリームの浮かんだコーヒーを片手にモール内を見ていると、ミニスカートの女性が足早に過ぎ去る姿を見かけたりする。そんな光景を見ていると、「インドも変わったなぁ」という思いが込みあげてきたりした。

私が初めてインドに来た二〇〇五年から比べても、インド社会が目覚ましく変化していることが分かる。二〇〇五年当時、首都デリーでさえショッピングモールと言えるものは、一つか二つある程度だった。いまやデリーの郊外に新たに開発された衛星都市グルガオンには、大型でお洒落なモールが林立している。モール内には、日本のモールと変わらないブランドがひしめきあい、クリスマス・デコレーションなどの飾りつけも洗練されている。モール内のレストランでは、昼間からワインやビールを片手に談笑するインド人家族、スーツ姿で商談をするビジネスマンの姿などが当たり前に見られるようになった。まさに、ここ十年でインドのショッピング風景は一変した。

なお、一変したのはショッピング風景だけではない。まず、国の玄関口である空港が様変わりした。以前のデリーの空港は国際空港と呼ぶにはあまりに小さく汚かった。当時の空港では、一歩外に出ると観光客を食い物にしているようなタクシードライバーにもみくちゃにされた。気を抜くと、自分のスーツケースが勝手にもって行かれた。これは、別にスーツケース泥棒なのではなく、自分のタクシーに乗ってもらうために勝手に荷物を自分のタクシーにのせようとしているだけなのだが、それでもこっちはスーツケースをもって行かれまいと必死に対応しなくてはならない。何とかタクシーに乗り込み、空港を出てからも、デコボコ道が続いた。道路を悠々と横切る牛にも何度となく出くわしたし、空気は、牛糞と埃とスパイスの混じりあった匂いがした。

それに比べて、現在のデリー国際空港のターミナルは大きく、清潔だ。空港を出てからも広く整備された道路が続く。牛を見かけることもめっきり少なくなった。空港からしばらく走り続ければ、十年前にもあったような光景がそのまま残っているが、空港近くのホテルに泊まり、ホテル内で会議を行い、そのまま帰国してしまえば、インドにいながらインドの喧騒に出会わずにいることさえ可能になった。

インドの経済開放とコモンウェルス・ゲームズ

このインド社会の急激な変化は、一九九〇年代に始まったインド経済の開放政策の時に下地が作られていた。インドは、一九四七年にイギリスから独立してからしばらく社会主義的な経済政策を進めていた。そこには、インドが独立した当時の国際情勢において、インドがアメリカからの影響をかわすため、ソ連に戦略的に近付いたという事情があった。インドの初代首相ネルーも、人口の大半が貧困層であるインドでは、社会主義的経済を採用し、独立後の国家経済を自分たちのコントロール下におきながら、国家全体が繁栄することが望ましいと考えていた。ここには、当時、社会主義が平等な社会を実現するための理想として考えられていた背景も当然ある。しかし、一九四七年から一九八〇年頃までのインド経済は低成長率に甘んじ、その間に急成長を遂げた東アジアや東南アジアの新興国と比べて、経済面で明らかに出遅れた。

一九八〇年代後半からは、インディラ・ガンディーが率いる国民会議派による規制緩和措置として法人税の減税などが行われた。これによりインド経済は成長へと転じたものの、これらの経済政策は、逆に財政赤字をもたらし経常収支を悪化させる結果を招いた。そんな中、一九九〇年八月のイラクによるクウェート侵攻から始まった湾岸戦争が起こり、もともと石油資源の乏しいインド経済は大打撃を受けた。事実、一九八〇年以降は毎年**平均五％**を超える経済成長を達成していたインド経済の成長率は、一九九一年には**一％台**へと大きく落ち込んでしまう。一九四七年の独立以降堅持してきたインドの社会主義政策が経済開放政策へと大きく舵が切られることとなったのは、そんな状況下においてだった。当時のインド首相ナラシンハ・ラーオと、財務大臣でのちにインド首相となるマンモハン・シンが主導して、積極的に外国からの投資を呼び込むための規制緩和に踏み切った。その後、インド経済は**年平均八％**を上回る経済成長を実現することとなる。そんなインドにとってさらなる追い風が吹いた。コモンウェルス・ゲームズである。

コモンウェルス・ゲームズは、イギリス連邦[1]に属する五十三の国と地域が参加する、オリンピック／パラリンピック、サッカーワールドカップに並ぶ世界最大規模のスポーツの祭典だ。一九三〇年の第一回開催以来、四年に一度行われてきた。そして、二〇一〇年に初めてインドで開催されることになった。この国際的な大会に先立ち、インドは政府主導で空港を含め多くの社会インフラを急ピッチで整備していった。そんな中、二〇一〇年七月三日に総面積百六十四万平方メートルを擁する現在のインディラ・ガンディー国際空港がオープンする。二〇一〇年十月開催のコモンウェルス・ゲームズの三カ月前の話だ。そして、その前後には、大型のショッピングモールがデリーやその周辺に次々と作られていき、都市風景が一変していった。

インドを分断するモール

その後も、インドは外国企業の進出を受け入れていき、結果、インド滞在は十年前と比べて格段に便利で快適なものとなっていった。以前は首都デリーでさえインド料理以外の外食レストランの選択肢は限られていた。たまにイタリアンレストランなどを見つけても、がっかりすることの方が多かった。あれほど美味しいナーンが焼けるのに、なぜピザがここまで不味いのかと、よく首を傾げたものだ。しかし、今では週末にモールへ行って、食事に困ることはほとんどない。グルガオンには自家製ビールと本場のソーセージの味を堪能できる店さえある。東南アジア諸国などと比べてまだまだと感じることもないわけではないが、昔のインドと比べれば、文字通り「隔世の感」がある。

しかし、こういった状況を、異なる視点からも見てみたい。それは、ショッピングモールに入ることが許されていない人たちの視点である。インドのすべてのモールでは入口でセキュリティ・チェックを受ける必要がある。これはテロ対策の一環で「不審者」を入れない仕組みではあるが、同時に「貧者」を入れない仕組みになっていることは明白だ。そういえば、インドのモールは窓が少なく、中から外の景色が見えない構造になっている。そのため、モールのすぐ隣にスラムが広がっていても、買い物客の目に入ることはほとんどない。

自分が住む社会に、自分が入ることのできない世界が広がっていくというのはどういう気持ちなのだろう。インドを代表する財閥タタ・グループの創始者ジャムセットジ・タタが若い頃、ムンバイのワトソンホテルに入ろうとした時、そこが白人専用のホテルという理由で断られたことがある。それに憤慨したタタは、それより豪華なホテルを作ろうと、後にインドを代表するタージマハルホテルを建てたという逸話があるが、今やインド人がインド人を入れないモールをそこかしこに作り、インドを「持つ者」と「持たざる者」とで分断している。

生き続けるローカルマーケット

一見華やかに見えるインドのモールだが、中に入っているのはブランドのファッション店や電子機器の店、またレストランや映画館などの娯楽施設であり、生活に必要な雑貨や食料品を売っている店が少ない。零細小売業者が強いインド社会においては、外資系の小売業の進出は既存の小売業者の職を奪うという理由から、外資系近代小売業者に対して強い警戒感がもたれ、多くの規制がかけられていた。以前、Big Bazaarという大型スーパーマーケットがモール内にできたことがあったが、わずか数カ月後に店じまいになったということもあった。

こうした事情もあって、インドでは「キラナ（英語名ではジェネラル・ストア）」と呼ばれる「何でも屋」が今でも生き続けている。インドのキラナは、日本のコンビニより小さく、駅のキオスクを少し大きくしたくらいの大きさの店だが、そこには実に多種多様な商品が売られている。毎日食べる食パンや卵などの食料品から、シャンプー、石鹸の類。ちょっと変わった所で

生活と密着したキラナ（ジェネラル・ストア）

は、浴槽として子供二人が優に入れる大きなたらいまで売っているキラナもあった。キラナは、基本的に地域コミュニティの中に店を構えている。たとえその店に目当ての商品がなくても、店の親父が他の店に使いを走らせて商品をもってきて売るという助け合いの関係が成り立つ。また、顧客にとっても「つけ払い」や「ホームデリバリー」などが頼めるなど、地元ならではのきめ細やかな対応も可能で、キラナはインド人の生活にはなくてはならない存在だ。

また、週のある決まった日に野菜などを中心に売る露店が並ぶ、いわゆる市場《いちば》も盛況だ。私の家の近くの市場では、毎週木曜になると、多くの八百屋が道の両側にブルーシートを出して、野菜のたたき売りをしていた。そこで買える野菜はジャガイモ、玉ねぎ、トマトなどローカルな食材のみだが、安くて新鮮な物が売られている。ジャガイモ一キロ五十円、何ていうのが、こういった市場での相場となる。こういったローカルマーケットでは、貧しい者も社会から排除されないシステムが働いている。観察していると、貧しい人にも食べ物を分け与えているような場面を見ることがある。少なくとも、ここではボロを纏っているからという理由で追い出されることはない。

インドの経済成長が進み、社会が発展していくほど、空調が効いたお洒落で清潔なモールはますます流行っていくだろう。しかし、キラナはこれからも人びとが暮らしていくのに本当に必要なニーズを満たしていく。特に農村部では、キラナは生活必需品を調達できる唯一の場所となっている。

しかもキラナ自身が変化していることも見逃してはならない。最近のキラナには、今までは扱うことのなかった外国製品を扱う店や、在庫管理などを一括で管理できるシステムを導入し、顧客サービスを向上させる店など、新たな顧客の獲得に努力する店も生まれ始めている。IT都市バンガロールではアマゾンがキラナと提携して「Kirana Now」という、顧客が注文から二時間以内に商品をキラナで受け取ることができるサービスを開始した。これなどは、近所に必ずあるというキラナのアクセスを使った新しい展開と言える。

インドの経済発展が進み、新たな中間層が増えていることは確かだが、それでもって自動的に下層の人びとの数そのものが減るわけではない。事実、インドは人口そのものが増え続けているため、中間層の人口比率が上がり、低所得層の人口比率は下がってはいるものの、貧困層の人口そのものの変化は鈍い。[2] このことからも、ショッピングモールのような華やかな世界が広がっていく一方で、キラナのように地元に根を下ろし、庶民の生活を支える存在がこれからも必要となることが分かる。

経済発展の観点からすれば、キラナのような存在は非効率的であり、創造性を欠いた、非衛生な過去の遺物に見えるかもしれない。しかし、こういった存在が、庶民の生活を支えるセーフティーネットになっていることは確かだ。

最後に、インドでショッピングモールに行く機会があれば、是非、その周辺にも足を延ばして見てもらいたい。モールの近くには必ずスラムを見つけられるはずだ。便利で快適なモールは、同時に多くのゴミを生み出し、それを処理する人間を必要とする。華やか世界の裏側には、そうした世界を影ながら支えている人々の生活があるのだ。そして、そうした人びとの生活を支えるキラナの存在も。

註

（1）かつての大英帝国が前身となって発足した、主にイギリスとその植民地であった独立の主権国家からなる、緩やかな国家連合

（2）在インド日本国大使館データ（http://www.in.emb-japan.go.jp/Japanese/Indian_Economy/3(r).pdf）

二　変わりゆくインドの恋愛

変わりゆくボリウッド

そこで、女はずっと探しつづけてきた男を見つける。二人の後ろには目の覚めるような青い湖が広がっていた。女は、男がまだ結婚していないことを知った。「好きな人はいるの？」と聞く女に対し、「いるよ」と男は答える。一瞬、女の表情が曇る。「君さ」男が言う。それを聞いた女はたまらずに、男とキスをする。

これは、日本でも大ヒットしたボリウッド映画のラストシーンだ。恋愛モノにありがちな展開だと思うだろうか。そう、これがハリウッドなら何の変哲もない展開だ。むしろ臭すぎる演出だと思うかもしれない。しかし、これがボリウッドである場合、ここに一つの変化がある。

昔はボリウッド映画ではキスシーンはないというのが定説のように言われてきた。キスシーンもないのだから、当然その後のシーンもない。劇中で男女がどれほど顔を近付けても、最後はキスをしない。女性の体で見せるのは足首とお腹（サリーを着た女性はお腹を出している）だけとも言われてきた。

そこにはインドの厳格な検閲制度がある。インドでは、性描写のみならず宗教対立、暴力、危険思想に関する描写が規制されてきた。この検閲によりインド映画だけでなく、外国の映画やドラマにも規制がかけられている。インドで、アメリカの連続ドラマ「セックス・アンド・ザ・シティー」を観ている時、インドの検閲の厳密さを思い知った。想像してみて欲しい。すべてのキスシーンやベッドシーンがカットされた「セックス・アンド・ザ・シティー」を。毒気がなさ過ぎて味気ない。ここまで検閲でカットされると、ストーリーを追うのにも支障が出てくる。製作側がこうした厳しい排除にも負けず、また社会の負のイメージも乗り越えて、常に新しい表現を求め続けてきた結果、上のような変化が表れつつあるといえるだろう。

ただボリウッドにおいて、常に性描写が規制されていたわけではない。過去にはキスシーンを含む映画もあった。二〇一三年デリーで行われた映画祭「カット・アンカット（Cut-Uncut）」では、一九三三年に制作され、ボリウッド史上初めてキスシーンがあった映画「カルマ（Karma）」がオープニングを飾った。同映画祭は、その他、ヒンドゥー教とイスラームの対立を描き、極めて挑発的として上映が禁じられていた二〇〇四年製作のドキュメンタリー映画「ファイナル・ソリューション（Final Solution）」を上映するなど、野心的な企画となっていた。

変わりゆくインドの恋愛事情

インド社会において、恋愛はタブーだと言われている。しかし、だからと言ってインド人が恋愛しないわけはない。ただ、そのためにインドにおいては、恋愛が理由で不幸な事件も起こっている。今でもインドでは、男女が婚姻前に仲良くしていたという理由だけで、相手の男性が女性側の親族に責められる。最悪の場合、殺されることもある。たとえば若い男女が家族の知らないところで手をつないでいた。こうした噂が独り歩きして、その相手の男性に対し、女性側の親族（主に男性）が暴力を加える。それがエスカレートして殺人にまでつながるといったことが実際に起こっているのだ。そして、こうした殺人は、インドでは「名誉殺人」と呼ばれている。

また、二〇一七年にアジア経済研究所の太田仁志研究員が発表した論考に興味深いデータがある。同論考では、インド内務省全国犯罪記録局がまとめる『インドにおける犯罪二〇一五年度版』に基づき、インドの犯罪傾向について述べているが、そこでインドで警察に登録された凶悪犯罪のうち、もっとも多い犯罪として「誘拐」を挙げている。件数として、**年間八万二千九百九十九件**（二〇一五年時点）も発生しており、実はインドは世界最大の誘拐発生国となっている。約七割強が女性の誘拐で、そのうち十二歳から二十九歳の女性が**八十四・六%**を占めている。

なぜインドで若い女性を対象とした誘拐が多く起こっているのか。ここにインドの恋愛事情の裏側が潜んでいると太田氏は指摘する。インドでは、いまだに恋愛は認められておらず、見合い結婚が主流だ。しかし若い男女が恋愛結婚を望んでも、それが親族に認められなかった場合どうなるのか。残された選択肢は「駆け落ち」となる。こうして若い男女が駆け落ちすると、その女性の親族は自分の娘が誘拐されたと警察に報告する。これが、インドで誘拐事件発生数を押し上げている文化的背景だという。[1]

しかし、こうした伝統的な価値観とは裏腹に、上のボリウッドにも見られる変化が、インドの町中でも見られる。以前ムンバイを訪れた時、市街から少し離れたポワイ湖のほとりで、カップルが一定の間隔に座り、ラブシーンを公開している様子を見た。その光景は、さしずめ京都の鴨川に等間隔で座るカップルのようだ。ここはまさにＰＤＡ（Public Display of Affection「愛情の公開」）と呼ばれ、地元では有名なスポットだという。

社会において自由恋愛が認められるということ、それはすなわち伝統的な生き方からの脱却を意味する。親が決めた相手と結婚するということは、親が求めた生き方をするということだ。それに対し、自由に恋愛し、自分で結婚相手を選ぶということは、自分の生き方を自分で決めるということだ。インドのように伝統的価値観が色濃く残り、恋愛結婚がほとんど存在しなかった社会において、これが意味することは大きい。

生き続ける伝統的な婚姻制度と価値観

恋愛に関して振り子のように揺れ動いているインドでは、恋愛がより自由になる一方で、伝統的な価値観もいまだ大きな影響力を持ち続けている。

毎週末、新聞を開けば、お見合い情報欄が見開き両ページで掲載される。そこには、結婚適齢期を迎えた男女の身長、体重、職業の他に、言語、収入、カーストなどの情報が顔写真入りで載せられ、人びとの情報収集に役立っている。まるで不動産の物件を扱うような気軽さだ。また、最近では、マッチメイキング用の携帯アプリなども出ている。ある婚活専用サイトのCMでは、結婚適齢期を迎えた娘をもつ父親が、本人たちの気持ちなど、そっちのけで相手探しに奔走している姿がコミカルに映し出されていた。

また、若い人たちの中で、恋愛結婚に憧れていても、実際には見合い婚を選ぶ人は少なくない。恋愛と結婚は全く別物として、若い頃の恋愛は一時のものと割り切り、結婚時には親が選んだ人と結婚するという人は必ずしも少数派ではない。このように恋愛結婚より見合い婚を選ぶ理由には、経済格差よりも「カースト」の影響が大きいとも言われている。まだまだインドにおいて、結婚は本人同士だけの問題ではなく、家族の問題という側面が強く、結婚してから価値観の違いで苦しむといった理由から、同じカースト同士の結婚を好む傾向が今でも強い。この傾向は高カーストだけに限った話ではない。

また、インドの結婚について理解するにあたっては、「ダウリー」と「サティー」についても知っておく必要がある。ダウリーとは、結婚の際、新婦の家族が新郎の家族に払う「持参金」のことだ。その額は、両家の協議によって決まるが、マハラジャも三人娘がいれば破産すると言われるほど高額になり、時に新郎の年収の何倍もの額を要求されることもある。結果、ダウ

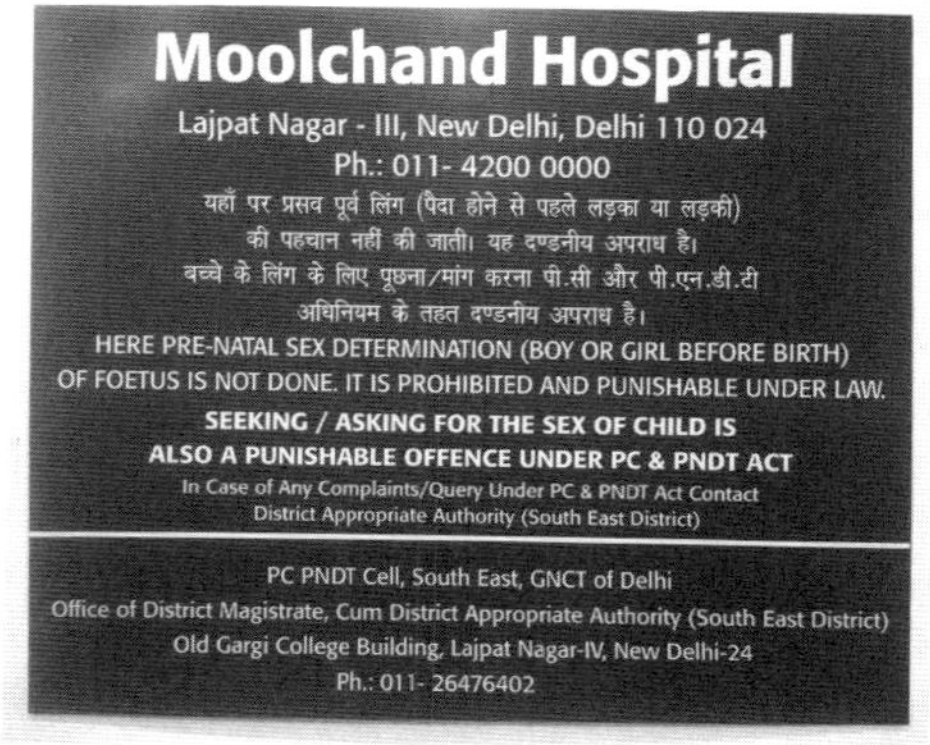

胎児の性別を告げることは違法であることを明記した病院の張り紙

リーを支払うために多額の借金を負うことになる家族もいれば、支払われたダウリーが少なかったため、新婦が新郎側の家で迫害されることもある。さらに酷いのは、ダウリーをもらった後、嫁を殺し新たな嫁を迎え、さらに多くのダウリーを得ようとするケースさえあるという。

　インドでは、一九六一年「持参財禁止法」が制定され、法的にはダウリーは禁止されているが、ほとんど効力はないと言われている。逆に、将来高額のダウリーを支払わなくてはならないことを避けるため、胎児が女児だと分かった時点で堕胎するケースが頻繁に起こっている。データによれば、二〇〇一年に全人口対比で男性千人に対して、女性は**九百三十三人**となっている。しかしこれはインド全体の男女比で、たとえばデリーを例にとれば、その比率は**八百六十八人**まで下がる。[2] この問題に対し、インドでは出生前の性別の識別は法律で禁止し、また上のような慣習は悪習として見直されている。結果として、男女の性比は大分改善されてはきたものの、まだまだ十分ではない。

次に、サティーだが、これは夫を亡くした寡婦の後追い自殺のことだ。サティーは、現代ではほぼなくなった伝統だと言われているが、まれにインドの新聞でサティーと思われる夫に先立たれた妻の焼身自殺に関する記事が載ることがある。ただ新聞の描写からだけでは、自ら命を絶った妻の本当の心情を伺い知ることはできない。

サティーに関して理解しておくべき文化的背景として、夫に先立たれた女性の立場がある。インドで寡婦となった女性は、家の中で不吉な存在とされ、家族の中で人間としての居場所を失う。派手な色の服を着ること、装飾品を身に付けることはもちろん、甘いお菓子を食べることさえ否定される。また、インドでは寡婦の再婚は非常に難しく、それが問題を深刻にしている。寡婦となった者は、再婚することもできず、一生、家の中で疫病神扱いされながら生きていくしかない。こういう事情がサティーの背景にはある。だからこそ娘を嫁がせる側の家族は、娘が一生苦労しなくて済むよう多額のダウリーを払ってでも、健康で安定した職についた男性、つまり一生添い遂げられる相手へ娘を嫁がせることに躍起になるのだ。

伝統を超えて

インドでも自由な恋愛が受け入れられてきたからか、最近、若者のファッションも伝統的なものからより露出度の高いものになってきたと感じる。このことがインド社会における性犯罪の増加を助長しているという批判を見かける時がある。先述のとおり、二〇一二年デリーのバス内で起こった集団強姦事件もその一つである。確かにインドの新聞で性的暴行の記事を見ない日はなく、事実、インドの性犯罪は増加傾向にある。しかし、これを単純に、自由恋愛化→若者ファッションの露出増加→性犯罪の多発といった図式で説明することはできない。なぜなら今の性犯罪に関する報道がインド社会全体の性犯罪の増加を反映したものとは言い切れないからだ。いま取り上げられているインドの性犯罪は氷山の一角で、こうした犯罪は昔から起こっており、二〇一二年の集団強姦事件は、むしろ今まで闇に葬られていたインドの性犯罪が社会の明るみに引き出された事件だったという見方もある。自由恋愛や露出度の高いファッションが性犯罪を誘発しているという単純な決めつけは問題の本質を見誤る危険性がある。

同じく恋愛結婚が増えたことで離婚も増えたという批判を聞くことがあるが、離婚＝悪と決めつけているのであれば、そこにも注意が必要だ。上述のサティーの背景には、離婚より死を選ぶしかないほど女性を追い込んでいるという社会的背景がある。女性の地位が低く、十分な教育を受けられないから、女性にとって夫の死は自分の死をも意味し、そうした中でサティーは行われてきた。本来、女性も自立していく権利をもち、離婚／再婚する権利も認められるべきである。ちなみに、サティーは妻の殉死を指す言葉で夫の殉死を指す言葉ではない。

いまインド社会は、恋愛をめぐって一つの極からもう一つの極へと揺れ動いている。若者たちの中で自由恋愛という価値観に憧れながらも、昔ながらの伝統との葛藤に悩んでいる人たちは多い。事実、付き合っていた恋人と、カーストの違いが理由で結婚できない現実に直面し、自殺するといった事件も見られる。

自分の信じた道を歩む時、今までのやり方との衝突や葛藤が生まれる時があるだろう。ましてや伝統的な価値観や社会の規範と異なる行動・決断をする時はなおさらだ。こうした文化的・社会的葛藤が伴う問題の是非を、外部の人間が容易に判断することはできない。しかし、彼らの葛藤に寄り添うことはできる。こうした社会の変化をどのように受け入れていくかをともに考えていくことができる。こうした姿勢こそ必要なのだろう。インドの男女関係は封建的だと言うのは簡単だが、では日本はどうだろう。欧米社会と比べ、男女平等社会を実現しているとは言えない状況について、外側から批判されるだけで満足できるだろうか。それとも、日本社会において前進しようとしている努力を理解してもらいたいと思うだろうか。もし後者を望む場合、私たちも同じ視線をインドに向ける必要がある。

註

（1）「統計が語るインドの「凶悪犯罪」」（アジ研ワールド・トレンド、二〇一七年六月）

（2）「インド人口センサス」（https://www.census2011.co.in/sexratio.php）

三　ススメ日本語教育‼　違いを越えて

多言語社会の実情

インドの新紙幣発行事件

二〇一六年十一月八日午後八時、モディ首相が新二千ルピー紙幣と新五百ルピー紙幣を発行するという発表を行った。そして驚くことに、その発表のわずか四時間後、つまり日をまたいだ午前零時から、今まで使われていた千ルピー紙幣と五百ルピー紙幣の使用を全面禁止するという発表もあわせて行われた。このインド政府の新紙幣発行と旧紙幣の廃止は、偽造紙幣と脱税目的でタンス預金されている現金をあぶりだすための荒療治として断行されたものだと言われている。

以前からインドでは、大量の偽造紙幣が出回っていると言われてきた。インドでは高額紙幣の五百ルピー札（約七百五十円）以上の紙幣で支払いをする時、必ずといっていいほど店員に紙幣の透かし部分をチェックされる。今回の新紙幣発行をめぐる報道の中で、インドには約四十億ルピー（約六十億円）に上る偽札が流通している可能性があるというインド当局の見解が述べられていた。これは四千枚に一枚が偽札という計算になるが、それがテロリストの資金源になっているという。

また、インドは脱税も大きな問題になっている。インドではＴＤＳ（Tax Deduction System）という制度を採用しており、消費税はもちろんサービス税や所得税などに当たる税金は、基本的に代金を支払う側が直接国に納める仕組みになっている。しかし、この制度は銀行取引でないと、正確な納税状況を把握することができないため、インドでは二万ルピー以上（約三万円）の支払いを行う場合は、小切手払いが原則となっている。しかし、実態においては、二万ルピーを超えたものでも現金払いで済まされている例は少なくない。

この新紙幣のデザインだが、従来の紙幣と同じくガンディーの顔写真と、裏面には十五ものインドの言語で紙幣価値が印字されている。紙幣価値を十五もの言語で表さなくてはいけない点など、インドがいかに多言語社会であるかを表している。

さて、前置きが長くなったが、ここで扱うのは、インドの紙幣についてではない。インド紙幣に書かれている十五もの言語から見えるインドの多言語事情と、そのインドで行われている日本語教育についてである。

インドには国語がない

話をインドの言語事情に移そう。よくインドはヒンディー語が国語だと誤解されることがあるが、インドに国語はない。一九五〇年に制定された憲法では、ヒンディー語は連邦公用語（Official Language of the Union）として認められたものの、国語（National Language）とは異なる位置付けに置かれた。

ちなみに、今までにヒンディー語をインドの統一言語として国語化しようとする動きもなかったわけではない。しかし、これに対しては、南インドのタミール・ナドゥー州、東インドのベンガル州、北西インドのパンジャーブ州などが、ヒンディー語国語化運動を文化的侵略として激しく抵抗した。その結果、ヒンディー語はいまでも国語ではなく、公用語として位置付けられている。[1]

インドは、一万人以上の話者をもつ言語が**二百七十言語**存在すると言われる超多言語社会である。[2]そこで、政府はヒンディー語を含む**二十二言語**を指定言語として制定し、かつ英語は公用語に準ずるものとして準公用語という位置付けに置いた。ここで注意すべきなのは、これら指定言語が公用語とは異なる点だ。指定言語とは、各州が州の言語として公式に定めてよい言語で、インド全土で公式に認められた公用語とは異なる。上述のとおり、インドを一つの言語で統一することはできないため、政府は指定言語として、各州が公的に用いてよい言語を指定した。しかし、それでも州をまたがるコミュニケーションにおいては、ヒンディー語ないし英

インドの主な言語話者数（二〇〇一年）

ヒンディー語	422,048,642	（約四億二千二百万人）
ベンガル語	83,369,769	（約八千三百万人）
テルグー語	74,002,856	（約七千四百万人）
マラティー語	71,936,894	（約七千百万人）
タミール語	60,793,814	（約六千万人）
グジャラーティー語	46,091,617	（約四千六百万人）
カンナダ語	37,924,011	（約三千八百万人）
マラヤラム語	33,066,392	（約三千三百万人）
オリヤ語	33,017,446	（約三千三百万人）
パンジャーブ語	29,102,477	（約二千九百万人）

（出典：2001年インド国勢調査）

http://www.censusindia.gov.in/Census_Data_2001/Census_Data_Online/Language/Statement5.aspx

語に頼らなくてはいけないという事情が存在する。このため、インドでは、二十二の言語が指定言語として存在しながらも、ヒンディー語／英語が公用語／準公用語として使用されるという二重構造が出来上がった。

言語はその国の文化、芸術、歴史認識、宗教などに直結し、どの言語を話すかはその人のアイデンティティに関わる問題なため簡単には解決しない。上のインドにおける主な言語だけを見ても明らかなように、これだけ多くの話者数をもつ言語が突如消滅するはずはないし、そうなるべきではない。

三言語法則

このような多言語国家インドでは、三言語法則（Three Language Formula）という手法が教育現場で採りいれられている。これは、初中

インドの日本語学習者数

2003年	5,446人
2006年	11,011人
2009年	18,372人
2012年	20,115人
2015年	24,011人

等教育において、母語（ないしその州の公用語）、英語、ヒンディー語の三言語を学ばせるというものだ。たとえば南インドのタミール・ナドゥー州では、子供たちは学校でタミール語と英語とヒンディー語を学ぶことになる。

一方で、ヒンディー語が母語の州（デリーやその周辺）においては、母語がヒンディー語となるので、代わりに他の地方言語やサンスクリットなどの古語を学べるほか、この枠で外国語を学ぶこともできる。この第三枠こそ、国際交流基金のように外国で日本語教育を推し進める立場からすれば、日本語を入れ込める余地となる。

インドにおける日本語教育

インドにおける日本語教育概況

このように複雑な言語事情を抱えるインドだが、実は日本語教育も急速に拡大している。国際交流基金は三年に一度、全世界の日本語教育機関を対象とした「日本語教育機関調査」を行っている。インドでもこの調査は行われている。以下、インドにおける日本語学習者数の推移をみてみよう。

ここで特筆すべきは、二〇〇六年に日本語が初中等教育における正式科目として認められたことだ。先ほど紹介した三言語法則の中で、デリーおよびその周辺の学校では第三枠に外国語教育の選択肢があるが、この第三の枠として日本語が正式科目として導入された。その結果、二〇〇六年以降、DPS（Delhi Public School）と呼ばれる私立学校を中心に日本語を勉強する学生が増え、インドでの日本語学習者数が倍増した。

日系企業の進出と日本語新興地帯

また、近年では正規の学校教育外の日本語教育、いわゆる民間の日本語学校の学習者数の伸びも無視できないものになっている。これは、既に触れたとおり、近年、積極的な日本企業のインド進出に伴い、現場で日本語教育に対する「期待感」が高まっていることが挙げられる。ただ、これは「期待感」であって、実際の「需要」とは言い切れないところに、現場にいた者としてはもどかしさを覚えた。

たしかに日本企業がインドに進出してくることで、地元のインド人の間では「日本語を学べば就職に繋がるだろう」という期待感は高まってくる。しかし、実際に日本企業が日本語のできる人材を雇用するかは分からない。日本企業も英語でコミュニケーションを行える職員を現地に送り込んでいる場合、必ずしも現地でのコミュニケーションに日本語話者を必要としないこともある。そうすると、せっかくの期待が実を結ばないで終わってしまうことになる。

とはいえ、日本語の喋れる人材が必要だという日本企業が存在することも確かだ。また、日本語学習者たちは、日本文化や日本人のマナー、ものの考え方なども同時に学ぶため、現場で日本人とインド人の間で文化的差異による衝突を防ぐことも期待されている。こうしたことから、日本企業の進出を受けて、今までほとんど日本語教育が行われてこなかった地域で、新たに日本語教育が始まっている。こうした「日本語新興地域」がデリーとその周辺地域であるハリヤナ州、ラジャスターン州、グジャラート州などに広がりつつある。これらの地域は、日本政府のＯＤＡ事業の目玉の一つであるデリー・ムンバイ間産業大動脈構想（ＤＭＩＣ）が通る地域で、これからも日本企業の進出に比例して、日本語「期待感」も高まることが予想される。

漢字は苦手、でも耳が良いインド人

ここで、少し観点を変えて、インド人日本語学習者の特徴を見てみよう。日本語は、世界の言語の中で外国語として習得するのが難解な言語トップ五に入ると言われているが、日本語を難しくしている要因に文字の存在がある。日本語はひらがな、カタカナ、漢字の三つの文字を採用し、それらを文脈に応じて巧みに使い分ける言語だが、これが非漢字圏の学習者にとって大きな壁となっている。

加えて、インド人学習者の中には物を書いて覚えることが苦手な人が多い。これは、学校教育以外の場で、日常的に多言語に接する環境から自然と他言語を習得してきたというインド人の言語習得状況の影響もあるかもしれない。音を聞いて単語を覚える過程を経てきたインド人は、漢字の書き取りなどを通じて単語を覚える日本人とはかなり異なるやり方で言語を身につけている。そのため、インド人学習者にとって、漢字の書き取りのような、書いて単語を覚えるという作業は私たちが考えるよりずっと難しい作業となることがある。

しかし、これは見方を変えれば、インド人は文字に頼らず耳だけで覚えられる強みをもっているということにもなり、日本語教育にとっては好材料ともなる。音だけで日本語を教えることができれば、学習者を遠ざけている日本語の文字学習の負担を極力抑えた教え方が可能だからだ。こうしたことを受けて、文字から入る従来型の日本語教育に代えて、近年、音や絵など文字情報以外から入る新しい手法を取り入れた日本語教育が普及しつつある。もちろん、最終的には文字も学ばなくてはならないが、最初に文字を教えない日本語教育は、初期段階の日本語学習者の挫折を防ぐことができると好評だ。

中国語の伸展

話は変わるが、現在、中国の公的な文化機関「孔子学院」が、世界中で、積極的に中国語教育を展開している。南アジアではスリランカなどでその影響が顕著に現れ、孔子学院による中国語の売り込みに押されて、日本語の学習者が減少するという状況が起きている。

しかし、インドの場合は少し状況が異なるようである。以前、ネルー大学で、中国政府が全資金を負担して中国語学科を創設するという話があった。ところが、中国が同学科専用の建物を建てたところで、カリキュラムも含めてすべての教育内容は中国側で決めるという方針にネルー大学が反対し、学科創設の話を反故にした。

ただし、今後も続く中国の経済成長とともに中国と中国語の重要性が増していくのはインドも例外ではなく、今後、中国語人気がさらに高まり、日本語教育を圧迫するような状況が生まれる可能性は否定できない。

インド人日本語学習者の苦悩

日印の文化的差異から来る苦悩

先に必ずしも日本企業が日本語人材を雇用するわけではないことを述べた。しかし、外国語教育は国際交流の要で、インド人日本語人材は日印両国にとって重要な存在であることに変わりはない。ただ、理解してもらいたいが、こうした人たちはきちんと育成していくことが必要で、放っておいて勝手に育つわけではないという点だ。

特に日本とインドのように大きな文化的差異がある場合はなおさら丁寧に育てていく必要がある。たとえば食事一つをとっても、日本人が当たり前のように口にする牛肉やお酒を同じように口にすることが、インド人学習者にとってどれほどの重大な意味をもつか考える必要がある。初めて牛肉を食べる時、「家族、親類全員を裏切るような思い」で牛肉を口の中に放り込んだという日本語学習者の声を聞いたことがある。

もちろん、これには個人差があって、こういった異文化体験を難なくこなせる人や、最初は嫌だったものが後で好きになるということは大いにある。しかし、日本語学習者である彼ら／彼女らは日本文化を受け入れられたとしても、その家族や、親戚、地域コミュニティにまで範囲を広げて見てみれば、どこかで文化的な摩擦を起こしていることがほとんどだ。

日本文化を紹介する上で必要以上に遠慮する必要はないが、私たちの国の言葉を喋るために努力している人間が、その過程においてどのような思いをしてきているのか、彼らの苦労にも目を向けたい。こういった異文化体験を共有し、時に励まし合い、時に笑い合いながら作られていく人間関係こそ、将来の日印両国の財産となっていくものだからだ。

憧れの日本へ行っても……

インドで日本語を学ぶ者にとって、日本に行くことは月へ行くようなもの。誰にとっても大きな憧れだ。しかし、日本に行ってからもインド人学習者の苦悩は続く。

インターネットが普及した今日でも、インドで日本の生の情報を得ることは容易なことではない。そのため日本語学習者の多くが、日本という国を客観的に捉えることがないまま、日本への憧れを純粋培養してしまっていることがある。私も、インド人学生の進路相談に乗ったことがあるが、彼らは日本に対する強い憧れをもっているものの、日本についてはほとんど何も知らないし、具体的な想像もできていないことに驚いた。

こうした憧れをもって日本へ行くインド人が、日本に着いてから挫折を経験することがある。日本とインドの文化的相違の大きさや、日本語ネイティブの日本人と知り合う機会が限られているインドにおいて、日本語を流暢に話せるまで上達するのは容易なことではない。それに比べて、韓国人や中国人学習者の中には、日本との地理的また文化的近接性などから、インド人では考えられないほどのスピードで日本語を習得できる人がいる。この現実を目の当たりにすると、インド人留学生が言語コンプレックスに陥ることもある。

さらに、日本人のアジア人に対する根強い差別もインド人を苦しめている。日本社会はまだ白人崇拝主義の傾向が強い。加えて、東京などの大都市では、人間関係が希薄だ。もともと人間同士のつながりが強く、暑苦しいとも思えるほど近距離で他人と接してきたインド人には、日本の都会のよそよそしさは耐えられないほどの孤独感を与える場合がある。

遠く家族から離れて暮らし、日本食に馴染めず、日本の友人もできないままでいるインド人留学生が、唯一自信をもっていた日本語能力も半年から一年未満の日本語学習歴しかない中国や韓国からの留学生らに抜かれてしまう。そんな時、自分自身を見失いそうになる。こんな気持ちは、想像するだけでこっちの胸も苦しくなりそうだ。

複数形のJapaneses

日本語は日本人だけのもの？

こうした苦悩を抱えながら、インド人は日本語の習得に励んでいる。しかしその志半ば、せっかく勉強してきた日本語を捨てて別の道を歩む人もいる。ここには、日本語自体の難解さや、インドと日本の文化的差異だけでなく、外国人が喋る日本語に対する日本人の受け止め方にも問題があると感じることがある。よく日本人は英語を喋る外国人はお客様として優しく接するが、日本語を喋る外国人には私たちと同じ感覚を求めて厳しく接すると言われる。これは自分の経験を振り返ってみても正しい指摘だと思う。

私たちは、日本国内で生活する限り、異質な日本語というものに触れる機会がほとんどないため、異質な日本語に対して不寛容だ。しかし、日本語はいまや公式のデータだけでも三百万人以上の非母語学習者をもつ言語で、公式データには上がってこない独習者も含めれば、その何倍もの非母語話者が学習している言語である。それだけの人が学んでいるということは、好むと好まざるとにかかわらず、既に多様な日本語が生まれているということだ。

インド人日本語学習者と日本語で喋っていて、彼らなりの独自の言い回しに出会うことがよくある。それはおそらく彼らの母語の影響（母語干渉）を受けているためだが、そういう場面に出くわすたびに、それを受けとめる私たちの姿勢についても考えさせられる。以前インドで一緒に仕事をした日本語専門家から、これからは日本語を「Japaneses」と複数形で考える必要があるのではないだろうかという話を聞いたことがある。この専門家によれば、複数のJapanesesとは、今まで間違った日本語とされてきた外国人の日本語を受け入れる考え方で、多様な日本語を認める考え方だという。こうした異質な日本語を日本人がどこまで受け入れていけるか、現時点では答えはみえないが、現在、議論が進んでいる外国人労働者の受け入れをはじめ、今後の日本の多文化共生について考える際、避けて通れない議論なはずだ。

日本人も英語が喋れない

実は、全く同じことが日本人の英語についても言える。日本人の英語力はいまでも世界標準と比べて低い。日本人の英語力が上がらない理由として、日本人の多くが、英語を喋る際、完璧さを求めすぎるからだという指摘をよく聞く。

そのため、間違ってもいいからとにかく英語を喋ってみようという積極性が育まれていない。サッカーで例えるなら、リフティングの練習に一生懸命で、試合に出てこない選手のようなものだ。自分の不完全な英語を恥じないことと、外国人の不完全な日本語を非難しないことは表裏一体の関係にある。

ススメ、日本語教育!! 違いを越えて

今まで日本語学習者の立場から述べてきたが、最後に、それを支える日本語教師の並々ならぬ苦労についても触れておきたい。現在、日本語は、公式には世界百三十七カ国で教えられているが、すべての日本語教室に日本語を教える先生たちの奮闘物語がある。酷暑の地インドで、エアコンもない気温五十度近い教室で日本語を教える教師もいれば、極寒のロシアで、吹雪に見舞われながらも日本語を教えに教室へ向かう教師もいる。世界中で日本語教師たちが日本との懸け橋作りに汗を流している。その中には、文化的摩擦や、こちらの思いが学習者まで届かないことの苛立ちもあるだろう。日本の日本語学校では、学生の不法滞在などで警察に呼び出されることもあると聞く。そういった問題に一つひとつ取り組んでいくことで、今日の日本語教育の礎は築かれていった。

また、上で述べたように、日本語教育が他の外国語教育との競争にさらされることもある。しかし、この点については、外国語教育の競争が必ずしもゼロサムゲームとしてだけ捉えるべきではないことも強調しておきたい。例えるなら、オリンピック／パラリンピックで互いに競い合いながらも、スポーツでつながり合う世界を一緒に作り上げていくようなものだ。各国の言語の重要性を主張し合うことは、必ずしも学習者獲得競争だけの話ではなく、英語だけが支配するグローバリゼーションに対し、異なる言語が共存する世界をともに作り上げていることでもある。必ずしも勝ち・負けだけにこだわらないでいたいと、自戒も込めて思う。

海外旅行をしていると、現地の土産店などで妙に日本人慣れした、くずれた日本語で話しかけてくる店員に出会うことなどがあるだろう。「ニホンジン？　ヤスイヨ、ミルダケ、タダ」。そんな言葉を掛けられた時、いつもは鬱陶しく思うが、たまにはそうした気持ちを横において、彼らが日本語を学ぶ中で経験した苦労や戸惑いや興奮に、また彼らに日本語を教えてくれた日本語教師の奮闘に思いを馳せてみたい。そして、日本語という共通言語で会話できる素晴らしさを味わう心の余裕をもちたい。彼らこそ、日本の味方。多様な文化が共存する世界を作り上げている同志でもある。

「ススメ、日本語教育‼」これからも国境を越えて、肌の色を超えて、巻き舌を超えて進んで行く日本語教育関係者にエールを送り、まとめとする。

註

（1）鈴木義里『あふれる言語、あふれる文字』（右文書院、二〇〇一年）七八頁

（2）“780 Indian languages surveyed and documented by PLSI, next aim to document 6000 world languages” (Indian Express August 3rd 2017) http://indianexpress.com/article/india/7780-indian-languages-surveyed-and-documented-by-plsi-next-aim-to-

document-6000-world-languages-4781113/
※インドの言語数は、方言を一言語として数えるかによっても大きく異なってくる。

四　ジャイプール文学祭への誘い

文学祭への道

毎年、西インド・ラジャスターン州の州都ジャイプールにおいて、世界的な文学の祭典が行われている。その文学祭に、日本人作家として初めて芥川賞作家の多和田葉子さんに参加してもらった。ここでは、ジャイプール文学祭と、インド文学について紹介したい。

二〇一三年九月、私は国際交流基金が海外における日本研究支援の一環として助成した国際会議「宮沢賢治と共存共栄の概念——賢治作品の見直し」にオブザーバーとして参加していた。この会議は、宮沢賢治学会が初めて海外で行った会議で、ネルー大学のP・A・ジョージ教授が中心になって、天沢退二郎氏のほか、日本を代表する賢治研究者の集まる盛大な催しとなった。会場となったネルー大では、「我らの賢治」について語る熱き研究者たちが激論を戦わせ、会場の気温を上げていた。そんな中、一人涼しい顔で会議に参加している女性がいた。彼女が、私をジャイプール文学祭へと導いてくれた都留文科大学の大平栄子教授である。

会議が昼休憩に入った時、私は大平先生と隣り合わせに座った。そこで大平先生からジャイ

郵便はがき

おそれいりますが切手をおはりください。

101-0052

東京都千代田区神田小川町3-24

白水社 行

購読申込書

■ご注文の書籍はご指定の書店にお届けします。なお，直送をご希望の場合は冊数に関係なく送料300円をご負担願います。

書名	本体価格	部数

★価格は税抜きです

(ふりがな)

お名前 (Tel.)

ご住所 (〒)

ご指定書店名（必ずご記入ください） Tel.	取次	（この欄は小社で記入いたします）

『新インド入門』について	(9707)

■その他小社出版物についてのご意見・ご感想もお書きください。

■あなたのコメントを広告やホームページ等で紹介してもよろしいですか？
1. はい（お名前は掲載しません。紹介させていただいた方には粗品を進呈します） 2. いいえ

ご住所	〒　　電話（　　　）		
（ふりがな） お名前	（　　歳） 1. 男　2. 女		
ご職業または学校名		お求めの書店名	

■この本を何でお知りになりましたか？
1. 新聞広告（朝日・毎日・読売・日経・他〈　　　〉）
2. 雑誌広告（雑誌名　　　）
3. 書評（新聞または雑誌名　　　） 4.《白水社の本棚》を見て
5. 店頭で見て 6. 白水社のホームページを見て 7. その他（　　　）

■お買い求めの動機は？
1. 著者・翻訳者に関心があるので 2. タイトルに引かれて 3. 帯の文章を読んで
4. 広告を見て 5. 装丁が良かったので 6. その他（　　　）

■出版案内ご入用の方はご希望のものに印をおつけください。
1. 白水社ブックカタログ 2. 新書カタログ 3. 辞典・語学書カタログ
4. パブリッシャーズ・レビュー《白水社の本棚》（新刊案内／1・4・7・10月刊）

※ご記入いただいた個人情報は、ご希望のあった目録などの送付、また今後の本作りの参考にさせていただく以外の目的で使用することはありません。なお書店を指定して書籍を注文された場合は、お名前・ご住所・お電話番号をご指定書店に連絡させていただきます。

プール文学祭の存在について初めて教えてもらった。国際会議も無事に終わり、私は大平先生との別れ際、今度はジャイプールでお会いしましょうと約束を交わした。そして、二〇一五年一月、私たちはジャイプールで再会した。

ジャイプール文学祭は、英語で作品を発表するいわゆる「インド英語文学」の作家と海外の作家が集う文学祭だ。毎年、ディギ・パレスという広大な会場を貸し切って行われている。私が視察に出掛けた二〇一五年には五日間で百八十一名の作家が招かれ、のべ**二十四万五千人**もの観客が詰めかけていた。特にイギリスの作家でブッカー賞およびノーベル文学賞受賞者のV・S・ナイポールが登壇したセッションでは、千人ほどを収容できる会場に、その何倍もの観客が押しかけ、日本のラッシュアワーも顔負けのすし詰め状態となっていた。

前述のとおり、インドは、世界第二位の英語話者を抱える国だ。しかし、インドで生活している人であれば誰しも感じるだろうが、インド人の英語にはかなり怪しいものも含まれている。社会の上層部、インテリ層の英語レベルは高く、ネイティブと遜色ない、場合によってはネイティブよりも洗練された英語を話す人も数多くいる。一方で、ヒンディー語なのか英語なのかも区別さえつかない英語（ヒンディー語なまりの英語を時に「ヒングリッシュ」と呼ぶ）をまくし立ててくる人たちも多い。

そんな複雑なインドの英語状況に呼応するかのように、インド英語文学も、常に高い評価を得てきたわけではなかった。[1] しかし、その状況は、一九八一年にサルマン・ラシュディの『真夜中の子供たち』がブッカー賞を受賞したことで大きく変わる。その後も、アミターブ・ゴーシュ、アルンダティ・ロイ、ヴィクラム・セート、ロヒントン・ミストリーなど「ラシュディの子供たち」と呼ばれる若手作家の登場により、インド英語文学は世界の文学界において、その地位を確立することとなった。

そもそもインドには古代サンスクリット語を継承するインド文学の長い伝統がある。インド文学という肥沃な土壌に、英語という種子が植わってインド英語文学は萌芽した。その魅力がジャイプール文学祭ではいかんなく発揮されていた。

ジャイプール文学祭は、生きた文学祭として世界的に注目されている。会場に行くと、集まった人の数にただただ圧倒される。最近では、ジャイプール文学祭に来ることが若者のトレンドになっているようで、文学祭の主催者が「本当に文学に興味があるのではなく、ただ恰好いいから、お洒落だからという理由で、文学祭に来る若者が増えてきて困る」と嘆いていた。しかし、世界中で文学離れが叫ばれている今日、お洒落だから文学祭に来るという状況こそ羨ましいものだ。

私は、ジャイプール文学祭の人並みをかき分けながら、やっとの思いで大平先生と再会を果たすことができた。前回の会議ではあまり話し込めなかったが、今回は、大平先生からじっくりと話を聞くことができた。大平先生はインド英語文学の研究者で、二〇〇六年にジャイプール文学祭が始まって以来、ほぼ毎年この文学祭に参加している。大平先生は二〇一五年十二月自身の研究テーマであるインド英語文学に関する大作『インド英語文学研究――「印パ分離独立文学」と女性』（彩流社）を著している。同書は、本場インドにおいてもいまだ包括的に研究されていないインド人英語文学に関する貴重な資料である。同書の中で、ジャイプール文学祭の様子が書かれているので引用したい。

この文学祭のおもしろさは発表者と観客との距離の近さにある。数え切れないほどのセッションが開催されるが、発表者も壇上を降りると、他の観客同様席取りに奔走する。取れなければ、地べたに座って聞く。このようにこの文学祭は特権的な人物を作らないという方針があると主催者は説明する。

その小柄な外見からは想像がつかないほどのパワフルさをもって、このジャイプール文学祭を縦横無尽に駆け巡る大平先生に付き添いながら、私は、ここに日本人作家を連れてくる事業を頭の中で描き始めていた。

作家多和田葉子氏、文学祭参加へ

ジャイプールから戻った私は、すぐに以前からお世話になっている日本近現代文学の先生にジャイプール文学祭に招へいすべき日本人作家について相談した。そして、「今、最も旬な日本人作家」という太鼓判とともに、日本語とドイツ語で作品を発表している多和田葉子氏を紹介してもらった。そこから時を経て二〇一六年一月、私は満を持して多和田氏とともにジャイプール文学祭へ向けて出発した。

文学祭では、多和田氏には三つのセッションが用意されていたが、その中でも印象的だった詩の朗読について紹介したい。

このセッションは、壇上で各国から集まった七名の詩人がそれぞれ自身の詩を朗読するというイベントだった。文学イベントとしてはありがちな舞台だが、それでも約二百人収容の会場がほとんど埋まってしまうのを見て、改めてジャイプール文学祭の集客力を思い知った。

各詩人の詩はそれぞれユニークかつパワフルだった。なかには、ジャイプール文学祭では珍しいラジャスターン語（インドの指定言語の一つ）で熱弁する老詩人による朗読もあった。英語の詩に対してはどこか余所行きの顔をしていた聴衆も、現地語で語られる詩に対しては、掛け合いの声が起こり、時に爆笑も起こった。その朗読会の最後に登場したのが多和田氏だった。

多和田氏のパフォーマンス

多和田氏からは、事前に当日朗読する詩を送ってもらっていたが、私には送られた詩の内容はよく分からなかった。しかし、それらが多和田氏によって読まれた瞬間、会場内で何かが炸裂したように感じた。

多和田氏は自分の番が来ると静かに立ち上がり、演台の前に立った。手元に詩の原稿を何枚も携えていた。多和田氏は、詩を読み進めると同時に手元の原稿をめくりあげ、それを宙に放った。次から次へと言葉を発しながら紙をめくり、それを宙に放り投げていく。朗読が進むにつれて、放り投げられた紙が多和田氏の足元を埋めていく。そんな多和田氏から、私は燃えさかるエネルギーの塊のようなものを感じた。詩のほとんどは日本語だったので、詩の意味は聴衆には分からない。それでも、聴衆はただじっと多和田氏の朗読に聞き入っている。それだけのパワーが多和田氏の朗読にはあった。多和田氏の朗読が進むにつれて、観客が多和田氏にくぎ付けになる。くぎ付けになっている観客は、前のめりになり、多和田氏と距離がわずかながら縮まっていく。

そして、最後の詩が終わった時、一瞬の静寂があり、割れんばかりの拍手が会場に響いた。私は、今まで、詩の朗読だけでこれほど感動したことはなかった。とてつもない威力をもつ、多和田氏の詩の朗読を初めて目の当たりにした。

その後も、多和田氏は、文学祭で「バイリンガル」についてのセッションや、文学祭以外の場ではインド・ドイツ交流協会主催のイベントに参加するなど精力的に活動した。特に多和田氏のように、日本語とドイツ語という全く関係性のない言語を自らの意思で選び、二言語での作品を継続的に発表しているという作家は世界的にも珍しく、常に観客の注目をひいていた。

もう一つ、ジャイプール文学祭については面白い発見があった。それは、主催者のラフな運営についてだ。上述の詩の朗読会にしても、主催者が登壇者を呼び集めるのはイベント開始の五〜六分前。それまで何の指示も説明もない。同じく登壇する詩人たちと会うのもこの時が初めてだ。もちろん、五分前に集まったところで、細かい段取りを決める暇はない。主催者からは登壇者に対し「自前の詩を詠むように」というもはや言う必要もないような指示と、朗読の順番だけが教えられる。ここで求められているのは、用意周到な準備から生み出される非の打ちどころのないパフォーマンス、ではない。求められているのは、その時々の状況に合わせた柔軟で大胆なパフォーマンスだ。どんな状況でも力を出せるかどうかが勝負の分かれ目となる。常に出たとこ勝負が求められるが、こうした運営を楽しめるかどうか。それが、ジャイプール文学祭を楽しめるかどうかを分けることとなる。ちなみに、多和田氏はその運営を大いに楽しんでいた、と担当者としては信じている。

カラ・サーンジ

多和田氏のインド滞在では、ジャイプール文学祭以外に、別の企画も用意していた。「多和田氏とヒンディー語作家アルパナ・ミシュラ氏との対談」そして「インド音楽とインド舞踊（カタック・ダンス）と多和田氏の詩のフュージョン」を合わせたイベント「カラ・サーンジ」だ。ジャイプール文学祭では、英語で作品を発表する作家との対談があったので、デリーでは、ヒンディー語で作品を書いている作家との出会いの場を作り出したかった。そして、世界各地で

熱気に包まれる文学祭。左端が多和田さん

文学イベントをこなす多和田氏に、よりインド色の濃い文学イベントも体験してもらいたかった。

当日の対談では、多和田氏とミシュラ氏の二人から女性について、また異文化についてそれぞれの考えを聞かせてもらった。特に女性というテーマについては、ポストモダンの世界に住む女性にスポットライトを当てる多和田氏と、いまだ封建制的価値観が色濃く残る世界に住む女性について書いているミシュラ氏とでは、女性像そのものに大きなギャップがあった。そのため、双方の話は噛み合わないのではないかという懸念もあったが、当日は、そのギャップを知ること自体が面白いと感じられる対談となった。一時間という対談はあっという間に終わってしまったが、集まった観客にとって、何よりも対談者にとって意義ある時間になったようである。対談後、ミシュラ氏からは、自分は、普段はヒンディー語でしか物を書かず、外国の作家とも対談したことがなかったので、とても刺激的な対談だったという感想が寄せられた。また、多和田氏にとっても普段接することのないフェミニズムの原型のようなミシュラ氏との出会いは新鮮だったようである。

続いて、多和田氏の詩にインドの伝統舞踊、カタック・ダンスをフュージョンさせるイベントが行われた。この時カタック・ダンスを踊ってくれたのは、インド舞踊を学ぶために単身でインドに修行に来ていた石井由美子氏で、当時ニューデリー日本文化センターの業務を手伝ってもらっていた縁から実現したものだった。多和田氏の詩に、独特なリズムをもつカタックの音楽と踊りが合わさって出来上がった舞台はジャイプール文学祭での朗読とは違う興奮を与えてくれた。このイベントでは、どんな状況にも対応できる多和田氏の柔軟性にも感動したが、加えて音楽と舞踊のすべてを一人でプロデュースした石井氏の創造性にも脱帽した。詩を踊りで表現するというのは、日本人の私としては異例の舞台に思えた。世界中の文学イベントで活躍する多和田氏も、詩に舞踊を合わせるという試みは今までほとんどしたことがなかったと言っていたが、石井氏によれば、この手のフュージョンは、カタック・ダンスではよくあることらしい。この辺り、さすがインドのお家芸と言えるだろう。

インドでは、今でも文学が社会の重要な位置に置かれていると感じることがある。政治家のスピーチも詩的な印象を受けるし、議論とも詩吟とも区別のつかないインド人の弁論を見かけることは珍しくない。インドで詩の朗読会を実施すると、会場では参加者が持ち寄った詩が発表されるが、持ち寄った詩が出尽くした後には、即興で作られた詩が発表されていったりする。こうなると、もうイベントとしては収拾がつかなくなるが、こういう日本ではちょっとお目にかかれない展開もインドらしくて面白い。

文学が生きている国。若者がお洒落感覚で文学祭に遊びにくる国。速さばかりが求められる現代社会において、深さを探求する国。これが、遠藤周作や三島由紀夫をも惹きつけたインドの魅力だ。こうした文化が、いまでもインドでは生き続けている。しかも、こうした多くの伝統文化が今でも無料で味わうことができる。

こうしたところに、文化大国インドの懐の深さを感じる。インドはただ暮らしているだけだと辛い国かもしれないが、本物のインド文化に触れた時、インドの生活はガラリと変わる。こうした豊かなインド文化をより多くの人に味わってもらいたい。もちろん、ラジャスターン州にまで足を延ばす余裕があれば、ジャイプール文学祭も覗いてみて欲しい。文学に興味がなくても、お洒落感覚で。

註

（1）「インド人による英語文学は、インドとヨーロッパの二つの文化の交差する腐葉土で育った「ヤヌスの顔」を持つ文学と評され、長い間軽視され続けてきた」大平栄子『インド英語文学研究』（彩流社、二〇一五年）

五　ジュガール、インド人の問題解決法

ジュガールとの出会い

私たちは、社会インフラの整備という言葉は聞くが、社会インフラが整っていないことを経験することは少ない。言い換えれば「当たり前のことが当たり前にできない」という状況を経験することがない。対照的にインドでは、蛇口をひねれば水が出る、スイッチを押せば電気がつくといった「当たり前のこと」につまずくことが多い。

昔は、雨が降るとよくインターネットが止まった。それは、ネット回線がテープでつなぎとめられているから、雨が降るとそのテープがはがれるからだと聞いた。この話の真偽は確かめていないが、私の上司の家のネット回線がネズミにかじり切られていたくらいだから、そんなものなのだろう。

しかし、雨でネットが落ちることとくらい大した問題ではない。気温四十五度の中でいきなりエアコンが止まる方が断然辛い。しかし、エアコンが止まることとさえ、一番辛いことではない。都市生活において何より重大なのは水だ。水がなくなった時、私たちの生活は一気に成り立た

なくなる。まず十分な飲み水がなければ、生命は維持できない。それ以外にも、身体、服、食器を洗い、トイレを流すためなど最低限の衛生状態を保つためには相当な水を必要とする。そのため、インド留学時代には、断水に備えて二十リットルの水が入る大きなボトルを満タンにして、それを何本も溜めこんでいた。このように、停電、断水、その他様々な問題が日常的に頻発するインドで、イライラせずに過ごすには、ときに非常な忍耐力を必要とする。

以前、私の家の食器置きの足の長さが一定でなく、食器を置くたびにガタガタ音を立てていた。また、この食器置きは少し傾斜がついていて、食器の水が自動的に流しへと流れる仕組みになっているはずだった。しかし、この「不揃いの足たち」のお陰でその傾斜も機能していなかった。明らかな欠陥商品だ。しかし、インドではそんな商品でも簡単に交換できるものではないことは分かっていた。それが分かっていただけに、このどうしようもない状況が腹立たしかった。そのことを、インド人の友人S君に話したことがある。すると彼は急に立ち上がり、庭先まで出て行ったかと思うと、レンガのかけらを拾い、涼しげな顔で戻ってきた。そして、レンガを食器置きの下に置くと、難なく「ガタガタ」を解決した。そして一言「これが、ジュガールだ」と言った。

しかし、私はその時の対応に感心したわけではなかった。なぜなら欠陥商品は相変わらず欠陥商品だからだ。こうした商品が出回らないようにインド社会は変わっていく必要がある。そのためには、欠陥商品を返品できるシステムの導入も必要だ。レンガを下に置くというのは、その場しのぎの対応に過ぎず、根本的な問題解決にはなっていない。さらに言えば、「まるでマジシャンのようだろう」とでも言いたげな友人のドヤ顔もいけ好かなかった。そして、インドは一事が万事、こうしたその場しのぎの対応が多いと思った。

ジュガールとは？

ただ、友人Sが言った「ジュガール」という言葉だけは、その後も私の頭に残っていた。ジュガールという言葉に、インド人の秘密を知れる何かを感じ取ったからなのかもしれない。しかし、その後、ジュガールとは何かという質問をインド人にしてみても、返ってくる答えは千差万別で、ジュガールとは何かを理解することはできなかった。

最近、サチン・チョードリー『大富豪インド人のビリオネア思考――富と幸福を約束する「ジュガール」』（フォレスト出版）という本でジュガールのことが紹介されていたので、読んでみた。しかし、その本でも冒頭から、ジュガールを一言では説明できないとあった。それは、日本民族の築いてきた文化・社会には、ジュガールに相当する価値概念がないからだそうだ。

なお、このように翻訳することができない言葉や表現は意外と多い。日本語でも「いただきます」や「お蔭様で」といった表現を訳すのは難しい。極端な例では「ジハード」や「神風」といった言葉も、その言葉が生まれた土地の文化やその土地で暮らす人々の価値観を踏まえずには、本当の意味を摑むことはできない。翻訳とは、異なる文化の間を行ったり来たりしながら、新しく言葉を作り上げる作業でもあって、パズルのように当てはまるものが必ず決まっているものではない。

話をジュガールに戻すが、ジュガールを一言で説明するのは難しくても、ジュガールがもつ要素についてはある程度説明がつくらしい。前掲書によると、それは以下の七つの要素で構成されている。

一　小さい力で多くのものを得る
二　自分の枠を超えた発想で考え、行動する
三　やわらかな頭で考えてピンチをチャンスにする
四　シンプルに考える
五　決してあきらめない
六　自分を抑えつけない
七　セルフ・エフィカシー（自己効能感）を大事に育てていく

どうやら、ジュガールはこれら七つの要素を兼ね備えた、インド社会に古くから伝わる伝統的な知恵と哲学と価値観を合わせたものと言えそうだ。

事実、インドで生活していると、ジュガール的発想によく出会う。ジュガール的発想とは端

的に言えば、常識にとらわれない発想と言えるだろう。そして失敗してもあきらめずに進み続ける精神だ。上の食器置きの例などは序の口。路上では、ガソリンの切れたスクーターを後ろからオート・リキシャ（三輪のタクシー）が足で押して進むというジュガールにでくわすことが度々ある。私の友人Sは、外でステレオの音楽を聞くのに電池がなかったから、電柱から直接電気を取ろうとしていた。

インド人にとって、ジュガールとは、生きた知恵。いや、むしろ生きるための知恵なのだ。そして、インド人はジュガールを多用できる人、ジュガリー（ジュガールを行う人／ジュガールの知識をもつ人）になることに誇りを感じている。なぜ、それほどインドではジュガールが重宝されるのだろうか。一つ明らかなことは、それだけ社会インフラが整っていないからだ。日本のように蛇口をひねれば水が出る社会で、蛇口から水が出ない時のための知恵は役に立たないが、突然水が止まる社会ではその知恵の有無が生死を分ける。

ただ、私なりの理解として、インドでジュガールが重んじられるのには、もう一つ大切な理由があると思っている。それは、インド人が平和や平静を好むからという理由だ。インド人が平和や平静を好むと言うのは、信じてもらえないかもしれない。私も、あのやかましいインド人のどこが平和的なのか、上手く説明はできない。ただ、実感としてインド人は平和主義だと思うのだ。あくせく働き、いつも何か心配をしていると、インド人にもっと平和な心をもちなさいと諭される。インド人の行動を観察してみると、彼らがいかに心の平静を大切にしているかに気付く。もちろん、多様なインドでは、平和とは程遠い気性の人間がいることも事実だが。社会インフラが整っていない社会で、厳しい自然環境に晒されながらもイライラせずに過ごすこと。カーストのような厳しい階級制度がある社会で、また大英帝国に植民地支配されながらも、明日に希望をもって生きること。そんなことを追い求めていく中で、与えられた環境をフルに活用するジュガールが育っていったのだろう、と私は理解している。

印僑とジュガール

このようなインド人の生きる知恵であるジュガールだが、最近、海外で活躍する印僑が脚光を浴びる中で、ジュガールにも多くの注目が集まるようになってきている。コネも何もない社会において、一代で富を築く印僑が増えていく中で、その行動原理に注目が集まった。既にアメリカではジュガールを紹介する著作が多数出版され、多くのビジネスマンが学んでいる。インド社会の生きる知恵が、世界のビジネス分野で研究され活用され始めているのだ。ジュガールがビジネス分野で革命を起こしている一例として、前掲書に電気なしで動く冷蔵庫の発明が紹介されていたので、ここで取り上げたい。

陶芸家ムンサク・プラジャパティはある時、五種類の粘土で作った陶器に水をかけると八度冷えることを発見した。そこから、彼は「電気のいらない陶器製の冷蔵庫」を発明。「ミティクール」と名付けられたこの冷蔵庫は、電気が通っていない多くのインドの村で受け入れられた。いまや海外にも輸出されるほどの大ヒット商品となったというのだ。まさにジュガール的な常識にとらわれない発想の結果、インドの農村部のニーズを的確にとらえた商品開発の例と言えよう。

もう一つ、少し考えさせられるという意味で面白い例がある。

「もし車に乗ってミーティング先に向かっている途中で、ガス欠で車が止まったらどうしますか？」という問いに対するジュガール的回答だ。しかも、周囲はガソリンスタンドも民家もない。そこで普通の日本人なら先方に電話を入れて遅れることを伝えるだろう。もしくはＪＡＦのようなサービスを呼ぶ人がいるかもしれない。しかし、それではミーティングには間に合わない。こういう時、ジュガール的発想をする人は、通過する車からガソリンを分けてもらおうと考えるそうだ。しかも、これは在京インド大使館の外交官の回答だそうである。

日本人とジュガール

なお、ここで断っておきたいが、私は別にジュガール至上主義者ではない。事実、上で挙げたガソリンを分けてもらう例など、インドで生活していると「だからインドの渋滞はなくならない」と言いたくもなる。すべてが自己中心的。その場の問題が解決すればいいという発想は、日本人の価値観とは相いれない部分もあるだろう。東日本大震災で世界が注目したのは、日本人の規律正しさだ。あれほどの災害に見舞われながら、社会は混乱することなく、被災地でも大きな犯罪は起こらなかった。私たち日本人は他の人たちのことを気遣う精神をもっていたから、危機を乗り越えられたのだと思う。

しかし、同時にいま日本が大きな閉塞感に包まれているということも否定できない。対照的にインドでは人々が生きるエネルギーをたぎらせている。インドの青空市場などに行くと、直に人々のエネルギーといったものを感じることができる。そこでは日本の原理と全く異なる原理、ジュガールが働いている。そうした彼らの原理を知ることは、日本に漂う閉塞感を打破するのにも役立つかもしれない。

また、今こうした社会が力を付けてきているということも見逃してはいけない。インドのことを、今までは発展途上国と言って片付けていたが、これからはそうはいかない。彼らを理解し、彼らの社会に入っていくことが求められている。そんな時代が既にやって来ている。そんな時、「ジュガールとは何か」を知っていることは決して無駄にはならないだろう。そのように、彼らの懐に飛び込もうとしていると、いつの間にか自分もジュガールを受け入れ、知らず識らずのうちにジュガールを使っていくようになるかもしれない。国際交流とは、必ずしも相手のすべてを受け止めるつもりはなくても、触れているうちにこちらも相手の色に染まっていく。そんなものかもしれない。

こんなことを書きながら携帯に目をやると、充電が切れていた。職場に電話を入れたかったが、このままではできない。

解決策は、①コンビニで充電器を買う　②充電できるスポットを探す　③隣の人に携帯を借りる。

……さすがに③はハードルが高い。

六　インドのドタバタ出産劇

わが家の長男と次男はインドで生まれている。そこで、私が経験したインドの出産劇を紹介したい。なお、私は子を産む妻の横や後ろでドタバタしていただけなので、これはインド出産劇の脇役の話ということになる。それでも、インドの出産には大いにやられた。


「今日は少し様子が違うみたい」

仕事鞄を肩に掛けようとした時、妻がそう言ってきた。

「……もしかしたら、生まれるかもしれない」

子供が生まれる……。

妻が妊娠してからずっと考えてきたことだったが、いざその瞬間が来るとあわてた。

自分のお腹が大きくなるわけではない私にとって、「自分の子供が生まれる」という現実は、最後までリアリティがなかった。

とにかく病院に行く足を確保しようと、自宅から歩いて十分ほどのところにあるタクシー・プールまで走った。日本には陣痛タクシーというサービスがあるが、そんな気の利いたものはインドにはない。またインドでは救急車も期待できない。私が留学生としてインドで暮らしていた時、パーティーで飲みつぶれて、頭から地面に倒れていったある大学教授のために救急車を呼んだことがあった。しかし、待てど暮らせど救急車は来ず、救急隊員（といってもヨレヨレのシャツの兄ちゃんが来ただけだったが）が駆け付けたのは、当の大学教授が意識を回復しただいぶ後だった。こんな経験もあって、インドでの緊急時、私は、一番確実なのは自分でタクシーをつかまえにいくことだと思っている。

ともかく息も切れ切れになってタクシー・プールに到着し「今すぐに、病院に行ってくれ」と伝えた。しかし、彼らから出た言葉は「二百ルピー（三百円ほど）」だった。

わが家から病院までは八十ルピー（百二十円）もあれば行ける距離だ。それを、息を切らして「病院に行きたい」と言って、いかにも切羽詰まった姿だったから足元を見られた。

やられたー。もう少し余裕な顔をして言うべきだった。

値段交渉をしようかと一瞬思ったが、家では身重の妻が待っている。こんな時に数百円の交渉をしている場合ではないと我に返り、ここは男らしく言ってやった。

「ＯＫ。すぐに出してくれ！」

タクシー・プールから一度自宅へ戻り、妻を乗せて病院へ向かった。

インドの道はでこぼこ道だ。しかも道路の至るところに「スピード・ブレーカー」と呼ばれる突起が作られている。これは、車のスピードを軽減させるために作られているものだが、スピード・ブレーカーを越える度にサスペンションが効いてないタクシーにはその振動が響く。

「とにかく、ゆっくり行ってくれ」

祈るような思いでドライバーに伝えた。

面白いことに、二百ルピーを吹っ掛けてきたこのドライバーだが、彼は決して悪い人間ではない。むしろ妻の体を心から気遣い、荷物をもち、ドアの開け閉めを行い、道路にある大小様々な障害を慎重に避けながら病院へ向かってくれた。金を多くとれると思ったから高めの値段を言ってみただけのこと。彼の人間性とは関係がない。それがインドという社会だ。

病院に着いたが、まだ掛かりつけの医師は来ていなかった。別の医師に見てもらったら、既にだいぶ子宮口が開いているとのことで、すぐに分娩室のある病棟へ移動。妻は他の妊婦もいる相部屋のベッドで待つことになった。そうしていると、私が病院のスタッフに呼ばれ、医療費を払ってきて欲しいと言われた。

インドの病院は、医療費の取り損ねを防ぐため、前払い制が基本となっている。料金は、来た道を戻った入口付近で払えるとのこと。支払いが終わるまで妻への処置はできないというので、私はカウンターまで走った。しかし、カウンターに担当者はいなかった。どこにいるのか、誰も知らない。

初めての出産で、支払いが終わるまで医療措置はできないと言われ、その担当者がいないから、ただ待ってなくてはいけない状況に気が動転しそうだった。そのうち担当者は悪びれた様子もなく戻ってきた。「すぐに支払いをさせてくれ！　カードで！」と詰め寄ったら、今クレジットカードの読み取り機が壊れているので、現金で払ってくれという。冗談じゃないと思った。出産にかかる費用には**十万ルピー（十五万円）**はかかる。それをすぐに現金で払うなんて無茶すぎる。「クレジットカードが使えないのはこっちの問題じゃないだろう。何とかしてくれ」と頼んだが駄目だった。

仕方がないので、もう一度、妻のいる病棟に戻って、看護師に事情を説明した。看護師には権限がないから、ここではどうすることもできないという。とりあえずのアドバイスとして、全額支払わなくてもいいはずだから、一部だけ現金で納めたらどうかという提案をしてもらった。そして再度、カウンターへ移動。しかし、受付はその提案を受け入れてくれない。インドはこういうところで妙に融通が利かない。そこに、私の状況を見かねたのか、あるスタッフが声をかけてきた。彼がどうしたのかと聞いてきたので、「かくかくしかじか、何でもいいから支払いをさせて欲しい。そうじゃないと妻が」と説明していると目がまわってきそうだった。するとと、彼はここで支払わなくても別の場所で支払えるはずだと言い、私について来いと言った。彼について行って、別の部屋に案内され、彼が他のスタッフに説明をして、ようやくクレジットカードを切ることができた。カードの読み取り機から出てきた領収証が、宝くじの当たりくじのように思えた。

とにかく、支払いを終えたので、再度妻の元へ戻った。幸い、妻は陣痛で苦しんではいなかった。ただ、子宮口が開いているので、すぐ陣痛室兼分娩室へ移動させられた。妻の場合、むしろ陣痛が来ていないことが問題のようだった。「このままでは、いきむことができないの。子供が生まれるのに陣痛は必要なのよ」。この時には到着していた掛かりつけの医師にそう言われ、陣痛促進剤を使うから、書類にサインして欲しいと言われた。ただ、私はインドで陣痛促進剤を使うのにはためらいがあった。なぜなら、インドでは陣痛促進剤が多量に使われることで、母体が危険にさらされるケースがあるという話を聞いていたからだ。「陣痛促進剤を使うのはいいけど、本当にゆっくり使って欲しい」。医師に伝えながらサインをすると、「大丈夫、信用して」と言われた。「信用する」。インドの病院では、それ以外にできることがないということを、ことさら強く感じた。

点滴針を付けると、促進剤がポツンポツンと落ちていった。そして、妻にも徐々に陣痛が襲ってくるようになった。私は、初めての出産だったので、何をしたらいいのか不安だったが、周りのスタッフは思った以上に平然としていた。妻が苦しそうにしていても、気遣うそぶりも見せない。ただ、そのうち陣痛の間隔が短くなってくると、スタッフと医師が妻に声をかけ始めた。

「Keep Pushing（押し続けて）」という言葉にあわせて妻が渾身の力をこめる。出産はまさに命懸けだ。ただ、ここまで付き添っていながら、私はわが子が生まれる瞬間を見逃してしまった。なぜなら、私は妻と向き合うような位置にいたので、さすがに邪魔かな？　と思い、横に移動した瞬間に生まれてしまったからだ。それだけ安産だったということではあるのだが。

そして、生まれてきたわが子は、産まれてすぐに一本、翌日にもう一本、予防接種の注射が打たれた。

この時初めて、生まれてきたのが男の子だということを知った。インドでは、生まれてくるまで性別を教えてもらえない。ダウリーの問題について触れたように、男子が尊ばれるインドでは女子を受胎しているのが分かると堕してしまうケースが多いからだ。病院内には、出産前に男女を教えるのは法律で禁止されていると張り紙が貼られている。

病院は事務所から歩いて五分ほどの距離にあったので、翌日以降は事務所に行ったり、病院に行ったりの生活をした。そして、三日目に退院することになった。退院する際、子供の出生証明をもらわなくてはいけないのだが、ここでも妙な体験をした。まずはすべての支払いを終えるために、またクレジットカード読み取り機の問題を乗り超える。そして、その領収書をもって、今度は病院の奥深いところにあるナゾの部屋を自分で探して、行かなくてはいけなかった。

私「子供の出生証明書をもらいたいのですが……」

インド人スタッフA「この先の部屋に行ってください」
私「え、それではどこですか？」
インド人スタッフA「この先です」
私「出生証明書の部屋はどこにありますか？」
インド人スタッフB「この先です」
私「この先のどこですか？」
インド人スタッフB「とにかく、この先です」

こんなやり取りを何度も繰り返しながら、とりあえず「奥深い部屋」を目指した。同じ病院内なのに、なぜその部屋が容易に見つからない場所にあるのかが分からなかったが、とりあえず周りの人間に聞いてまわりながら、何とかその部屋へと続く「秘密の扉」らしいものを見つけた。

「秘密の扉」を押すと、キィーという何とも不気味な音がした。扉を開けた先にあったのは部屋ではなく、急傾斜の階段だった。階段を上っていくと、ここは時が止まっているのかと思われるくらい古びた資料室のような部屋があった。そこに何百冊ものファイルが埃をかぶったまま平積みにされていた。そこに管理人らしき人がいたので、彼に子供の出生証明書をもらいたいと伝えると、子供の名前を聞かれた。このファイルの山から、名前だけで分かるのか不思議だったが、子供の名前を告げると、何冊ものファイルの中から即座に一冊のファイルを取り出し、わが子の名前の書かれた「紙切れ」を渡してくれた。

これが後に出生証明書と交換される紙切れだった。事前に病院側に子供の名前は伝えていたものの、あの山からどうやったらファイルを即座に見つけ出せるのか。不思議だった。ともかく、一時間以上かけてこの「紙切れを手にする」というだけの謎につつまれたミッションをクリアーし、私は家族と一緒に病院を出た。

一歩病院を出ると、今まで暮らしていたインド社会が急に恐ろしい世界に思えた。PM二・五で汚れた空気、どんな病気にかかるか分からない生水、牛、猿、犬が行きかう不衛生で危険な道路。考え始めるとキリがなかった。ただ、考えてみれば、毎年この国で何百万人という子供が生まれ、健康に育っている。だから、わが子も大丈夫だ。結局、そう考えるしかなかった。

こうしてわが家の子供はインドで生まれ、インドのプレスクール（幼稚園）にも通い、すくすく成長した。よくインドで出産したと言うと、大変だねーと言われるが（私が産んだわけではないが）、インドの子育てにはメリットも多いと思う。何よりインド社会は子供に優しい。どんな人でも小さな赤子を見れば優しく接してくれる。家族でレストランに行った時など、私たち夫婦がご飯を食べている間、ウェイター／ウェイトレスに子供を預かってもらうこともあった。知り合いのおじさん、おばさんはわが子のように可愛がってくれた。近所の悪ガキも、彼らなりに可愛がってくれた。子供が泣いていることで苛立ったり、しかめ面したりするような人間に出会ったことなどなかった。

こんな経験がある。私たち家族が飛行機でインドの地方へ旅行に行った時だ。うっかり席の事前指定を忘れてしまい、私だけが離れた席になってしまった。それをみたキャビン・アテンダントが、妻の隣の乗客に「ちょっと席を譲ってあげて。彼らは家族だから」と言った。言われた側も「あ、もちろん」とパッと席を立って行ってしまった。

「申し訳ありません」とか「もし良かったら云々」といった周りくどい言葉は一切ない、何ともサッパリしたやり取りだった。

こうした状況を見ていると、家族を大切にするインド社会から学ばなくてはいけないと思わされる。そして、日本ではいつから「子は宝」ということが言われなくなってしまったのか不思議に思ったりする。

「子は宝」として扱われる社会で子育てするのと、「園児の声が騒音」として扱われる社会で子育てするのはどちらが大変か。優劣の問題ではないが、インドの子育てが大変なことばかりではないことは確かだ。ただ、「子は宝」の社会では、もれなく上のようなドタバタ劇を経験することにはなるのだが。

第三章

忘れられた日本人

生きていくことの喜びと悲しみ

——統計から見た大国

結核発生件数：178万6681件（世界第1位＝2017年）
ハンセン病発生件数：12万6164件（世界第1位＝2017年）
医師数：93万8861人（世界第2位＝2016年）
傷害事件発生率：26・18件／10万人（世界71位＝2013年）
殺人発生率：3・22／10万人（世界第106位＝2016年）
誘拐件数：8万2999件（2015年）
自然災害死亡者数：1396人（世界第2位＝2018年）
牛肉（水牛含む）輸出量：168万トン（世界第1位＝2012年）
米（コメ）の生産量：1億6850万トン（世界第2位＝2017年）
小麦の生産量：9851万トン（世界第2位＝2017年）

一　知られざる日印交流――グルチャラン・シンと伊東忠太の軌跡

オリエンタリズムとは、オリエントを支配し再構成し威圧するための西洋のスタイルなのである。　エドワード・サイード

認知されないのは存在しないに等しい

以前「グーグルの検索ページで、トップから百番までに出てこない団体は現実に存在していないのと同じ」といったコメントを見たことがある。そう断言するグーグル至上主義の態度に何とも言えぬ反感を覚えたが、考えてみると、これは認識と実在の間に横たわる哲学的な問題でもある。それは、たとえ事実として存在していたものでも、それが認識されない場合、存在していないのと同じになるという問題である。

ところで、日印交流について語る際、二つの常套句のように使い古された文句がある。一つは六世紀頃インドから日本へ伝わった仏教伝来で、もう一つは二十世紀ラビンドラナート・タ

ゴールと岡倉天心との交流だ。これらを組み合わせるだけで、以下のような日印交流に関するスピーチの切れ端を作ることができる。

日本とインドは、古くは六世紀にインドから日本へ仏教が伝来して以来、共通の価値観で繋がってきた。近代においては、アジア人初のノーベル賞受賞者のラビンドラナート・タゴールと岡倉天心という日印両国を代表する芸術家の交流があった。このように、古代から近代にいたるまでインドと日本は繋がり合い、お互いに影響を与えあってきた。

このスピーチで語られる日印交流は事実としては正しい。正しいが、この二つばかりが強調されているスピーチを聞くと、逆に寂しい気持ちになる。日本とインドの間にはもっと多くの交流がなされてきたし、今もなされている。無数の星たちが輝く満天の星、それが日印交流史の本来の姿だ。ただ、我々はそれらを認識できていない。そして、認識されない以上、それは存在しないことと同じになっている。そこでここでは、世間一般には知られていない日印交流の事例を紹介したい。

グルチャラン・シンと日本の民芸運動

ターバンで頭を包んだインド人青年の写真を見て欲しい。彼の名はグルチャラン・シン。

グルチャラン・シンは、インドでは近代陶芸の父として知られている。シンは、日本の陶芸技術を学びに、一九一九年から一九二三年まで日本へ渡った。一九二〇年から一九二一年には、東京高等工業学校の窯業科で陶芸を学んでいる。シンはインドでも陶芸を学んでいたが、それはタイルなどの実用的な分野に限られていた。そこで、より高い技術を学びに日本へやってきたのだ。

グルチャラン・シン

なお、シンが来日した当時、日本では柳宗悦らが中心となった「民芸運動」が起こっている。日常的な暮らしの中で使われてきた日用品の中に「美」を見出し、それを活用する日本独自の運動である民芸運動にシンは大きな衝撃を受ける。また、一九二〇年には、柳らに感化されて朝鮮半島と中国大陸を旅行する機会にも恵まれる。そこでシンは「李朝白磁」と出会い、その美しさに魅了される。上の写真は、その時に撮られたものだ。

日本の民芸運動に感動し、朝鮮半島の白磁に魅了されたシンは、帰国後、インドのデリーで製作所であり研修所でもある「デリー・ブルー・アー

グルチャラン・シンと浅川巧

ト・ポタリー」(現デリー・ブルー・ポタリー・トラスト)を設立する。そこで、柳が朝鮮半島の白磁を再評価したように、シンはインド古来の「青磁」を再評価し復活させることに尽力する。そして、食器として使い捨てられてきたインドの陶磁器が陶芸作品として評価され、それを作る陶芸家の社会的地位向上に貢献した。インドの「青磁」といえば、インド好きの間では有名だ。特にジャイプールの青磁などは外国人観光客の間でも人気が高い。

そのシンが四年間の日本留学中に収集した百点ほどの陶器コレクションが、インドのパンジャーブ州とハリヤナ州の州都であるチャンディーガルの国立美術館に寄贈され、一部のコレクションを除き一般公開されずに保管されている。元デリー大学東アジア研究科学科員のブリッジ・タンカ氏によれば、これらの陶器については既に日本の陶器専門家にも来てもらい、歴史的に価値の高い陶器も保存されていることが分かっている。しかし、美術館が保管している美術品カタログが十分に整備されていないため、すべてのコレクションについて、その歴史的価値が分かっていない。そこで国際交流基金ニューデリー日本文化センターは、同美術館に所蔵されている陶器コレクションのカタログを整備し、同時に展覧会を行うといった事業を実施した。この事業は、たんに日本とインドの陶器交流を超えて、近代においてアジアが繋がり、相互に文化的な影響を与えてきたという歴史的事実を示す重要な事業である。

ここにもう一枚シンが写っている写真がある。冒頭に同じ写真を掲載したが、こちらの写真では左側にある日本人が写っている。この日本人の名前は浅川巧。当時、朝鮮半島に長く住み、その陶磁器や工芸の保存と研究に尽力した人物だ。シンが朝鮮半島に渡り、「李朝白磁」に魅了されるようになったのは、この浅川との交流の影響が大きい。しかし、冒頭で掲げた写真には浅川が写っている左側部分が切り取られている。冒頭の写真は『セラミックス・トゥデイ』（シンとその父親マンシムラン・シンについて紹介するネットページ）からの写真だが、おそらくインドで浅川を知る人物がいなかったからだろう、浅川の写っている部分は切り取られ、シンと李朝白磁のツーショットとなっている。浅川とシンの交流という歴史の一コマが、インドにおいて（同様に日本においても）注目されてこなかったことが見て取れる。

なお、ここでは主に、『民藝』二〇一五年三月号（七四七号）から六月号（七五〇号）に掲載された橋本順光氏によるグルチャラン・シンに関する連載を参考にさせていただいた。

伊東忠太のインド行脚

次に、左頁の写真を見て欲しい。

これは東京の築地本願寺の写真だ。初めて見る時、東京の下町に突如現れるこの非日本的な建物に驚く人も多いだろう。築地本願寺は、もともと京都の西本願寺の別院として一六一七年に浅草御門南の横山町（現在の日本橋横山町）に建てられたが、明暦の大火により本堂が消失したため、その後、場所を築地に移し再建された。しかし、関東大震災時の火災により再び焼失。その後一九三四年に竣工された本堂が現在の形として残っている。

インドの石窟寺院などに似た様式、中央のドームにある菩提樹の葉っぱ、その真ん中には仏教のシンボルである蓮の花がデザインされている。この建物からは明らかにインドの影響が見て取れる。建物の外観だけではない。中に入れば、象や牛などの像がさりげなく置かれていて、日本の寺院のイメージとは全く異なるイメージを我々に与えてくれる。そして、この寺を建てた人物こそ、ここで紹介する知られざる日印交流のもう一人の主人公、近代日本建築の父と呼ばれた伊東忠太氏である。

伊東は一九〇一年に帝国大学工科大学（現、東京大学工学部）から工学博士号を授与された後、建築学研究の留学に出ている。当時、建築学を学ぶ者にとって留学先はヨーロッパが主流

築地本願寺

だったが、伊東は中国、東南アジア、インドを廻り、その後、トルコ、ヨーロッパ、アメリカ経由で日本に帰ってくるという世界一周旅行を計画する。それは、一九〇二年三月二十九日に東京の新橋を出発して中国、ビルマ（当時）、インド、スリランカ、トルコ、エジプト、シリア、ギリシャ、イタリア、ドイツ、フランス、イギリス、アメリカを廻り一九〇五年六月二十二日に横浜港に戻るという壮大な旅だった。

この伊東の世界旅行、もともとの狙いは「エンタシス」と呼ばれる古代ギリシャの建築技法が日本の法隆寺の柱にも用いられているとして、その起源を探しにギリシャのパルテノン神殿に行くというものだった。ただ同時に、伊東の頭の中には既にアジア探訪という考えがあり、それらを合わせた結果、上のような壮大な旅行計画となったと言われている。

伊東は、旅行中、各地を精力的に歩き回り、多数の手記、乾板写真、スケッチなどを残している。インドにおいても、多くの都市を廻り、時に牛車に乗って地方の町まで足を運んだ。日本を代表する建築家が今から百年前に実際に歩いて、見て、残した当時の記録は色あせることなく我々に多くを語ってくれる。

伊東は、三年三カ月の旅行のうち、約八カ月をインドで過ごしている。そのインド探索は決して易しいものではなく、伊東はビルマ（当時）からカルカッタへ移動した直後にマラリアにかかり一週間ほど入院している。さらに、堀至徳という日本からの留学僧が伊東のインド旅行中同行しているが、堀はガンダーラ地方（現在のアフガニスタン東部からパキスタン北西部にかかる地域）で破傷風により死亡する。それ以降、伊東は一人でインドを旅しなくてはならなかった。今でさえ、インドの地方を歩くのは容易ではないが、この当時、一人でインドを歩き、様々な記録を残していった伊東の行動力にはただただ感服させられる。

なお、留学に出かける前の伊東は、インド建築を高く評価していなかったようである。伊東は大学時代の卒業論文の「印度建築術」の章で以下のように述べている。

以上論ずる所を総括してこれを換言すれば、印度建築においては未だもって美と名づけるに足るものなく、諧調と清爽とを具有せず、ただ一種異常の特性を発揮せんことを務めたるのみ、これを美学の原理に訴えれば、吾人は毫もその建築術たるの価値を発見する所な

きなり。(1)

この伊東のインド建築に対する評価、また彼のアジア観、アジアの建築に対する考え方は旅行を通じて変化していった。そして、この旅を通じて得たインスピレーションが具現化したものが、築地本願寺である。

新しいアジア史を描いていく

日本の陶芸技術を学び、同時に日本の民芸運動や朝鮮半島の白磁に影響を受けインドの近代陶芸の道を拓いたグルチャラン・シン。日本の建築のルーツを求め、アジアを探訪し、日本の近代建築を変えた伊東忠太。この二人は、自らが立てた問いに対する答えをアジアに求め、アジアに見出していった。タゴールと岡倉天心の文化交流にも引けを取らない日印交流の証と言えるだろう。

従来、アジアは西欧を通じてアジアを理解してきたと言われてきた。このことを、一九五六年インドで行われた「第一回アジア作家会議」に参加した作家の堀田善衛が語っている。この会議にはアジア各国の作家が集められたが、そこに集まったアジアの作家たちがお互いの作品についてほとんど何も知らないという事実と、ヨーロッパの文学であれば対等に話ができるくらいの知識をもっているという事実に堀田は気付く。アジア人であるのに隣国のことはほとんど知らず、逆に地理的には遠いヨーロッパのことに詳しいという矛盾した状態について、堀田は以下のように述べている。

私が特にひどく無智であるとは思われぬ。こういうことになっているのが、これがアジアなのだ。お互いにお互いのことは、ナーンニモ知りはしないのである。……従ってアジアの作家たちがそこでお互いを知り合うには、話の対象を西欧の作家にもとめ、その作家論をやりあうことによってでなければならぬということになるだろう。現に、ここで七人が話し合うためには英語が唯一の公用語であるように。(2)

こうした状態は、現在も続いている。我々は、ハリウッド映画なら二十年前の作品から最新作までカバーしているかもしれないが、フィリピンの映画の一つだって知らなかったりする。それが、アジアの一つの事実ではある。しかし、アジアとアジアは直接繋がっていたというのも、もう一つの事実だ。こうした別のアジア史が存在することをグルチャラン・シンと伊東忠太は語ってくれている。

グルチャラン・シンや伊東忠太が残したアジア文化交流の事跡は、西欧化という急流の中で凛として立つ岩のようなものだ。西欧化の流れはあまりに速く、川底にある岩は見えないかもしれないが、確かに存在している。こうした見えない物を一つひとつ集めていくこと、それこそ新しいアジア史を描いていくことに他ならない。

註

（1）伊東忠太卒業論文「建築哲学」第三編「建築派流各論」、第二款「印度建築術」、第四章「建築形式評論」四四九頁。なおインド行や「建築哲学」からの引用は鈴木博之編著『伊東忠太を知っていますか』（王国社、二〇〇三年）第四章（とくに神谷武夫氏執筆部分）を参照した。

（2）堀田善衛『インドで考えたこと』（岩波新書、一九五七年）二九頁

二　インドの日本人強制収容所

古城プラナ・キラ

プラナ・キラ（「古い城」という意味）はデリーの中心部からやや東に位置したところにある古城だ。十六世紀半ば、ムガール帝国第二代皇帝フマユーンが都城として使用したもので、大抵のガイドブックには載っている観光名所だ。小高い城壁から、デリーが一望できる。インド駐在中、私はあることが確認したくて、この古城を訪れてみた。

デリーの冬は、乾いた風と強い日差しがまぶしい。ＰＭ二・五による大気汚染がなければ、清々しい午後のひと時だった。デリーで暮らしていると深呼吸することがない自分に気付かされる。

それでも、プラナ・キラの中には、デリーの喧騒が嘘のような穏やかな空間が広がっていた。城内では、ピクニックに来ている家族連れの姿、デートの恋人たちの姿、そして、それをひやかそうとする男たちの姿などがあった。

こんな人々の憩いの場となっているプラナ・キラには、実は呪いのような歴史がある。プラナ・キラを完成させたのは、ムガール帝国のフマユーン皇帝ではなく、シェール・シャーというスール朝の王様だった。シェール・シャーは、一五三九年にフマユーン帝の率いるムガール帝国を破り、スール朝を打ち立てる。それ以降、フマユーンが着手していたプラナ・キラの築城を引き継ぎ、完成させる（なお、一説では、プラナ・キラはシェール・シャーが存命中には未完成だったと言われており、息子のイスラーム・シャーの時代に完成したという説もある）。

しかし、完成したプラナ・キラを都城として使ったのは、一度は敗れたが、後にスール朝を破ってムガール帝国を復活させたフマユーン皇帝だった。しかし、フマユーン皇帝はデリー奪回の数カ月後、城内の図書館の階段を踏み外して、亡くなってしまう。

このプラナ・キラが本節の舞台である。

インドの日本人強制収容

このプラナ・キラには、第二次世界大戦中、当時東南アジアに住んでいた約三千人もの日本人が強制的に連れて来られ、収容されていた。しかし、この事実は一般の日本人にはおろか、インド研究者の間でもほとんど知られていない。この歴史の闇に埋もれてしまったとも言えるインドの日本人民間抑留者については、一九七三年からインドのニューデリー日本人学校教師としてインドに駐在していた峰敏朗氏が、元抑留者から丹念に事情を聴取し、彼らの日記などをもとに労作『インドの酷熱砂漠に日本人収容所があった』（朝日ソノラマ、一九九五年）にまとめている。

当時の日本人がインドまで連れて来られた理由。それは、戦時中、東南アジア諸国がすべて日本軍の攻撃の対象であったため、最も安全な場所としてインドが選ばれたためである。

なお、プラナ・キラに収容されていた日本人の数は、**二千六百八十九名**（**男千七百十八名、女七百二十五名、子供二百四十六名**）で、その後に収容された者が**二百四十六名**、収容所内で生まれた子供が**十九名**、合計**二千九百五十四名**（**男千八百八十四名、女七百八十三名、子供二百八十七名**）となっている。[1] また、前掲からは、日本人の収容がインド側にとっても突然の出来事であったことが伺える。インド側は、連合軍から一九四一年十二月に約三千人の抑留者の受け入れを求められるが、その一カ月後には実際に抑留者がインドまで運ばれている。[2]

峰氏の著書には当時の状況がリアルに描かれている。以下は当時シンガポールにいた日本人が逮捕される時の描写である。

〔昭和十六年十二月八日早朝〕ドアがますます激しく連打されていた。中村武はベッドから立って目をこすりながらドアを開けた。すると彼はいきなり胸にピストルを突き付けられた。眼光鋭い口ひげを蓄えた、黒いインド人の軍人が立っていた。……

〔軍人は日本人の名前を確認すると〕連行すると言った。「どうしてですか」中村がうろたえて尋ねると、居丈高に、「戦争だ。知らないのか。昨夜から戦争が始まったのだ」と、その

軍人は言った。(3)

当時の日本人の中には戦争が起こったことも知らない者もおり、自分たちがどこへ連れていかれるかも分からないまま突如として抑留生活を送ることになった。もちろん、その対象は男性だけでなく、女性、子供も連れていかれた。着の身着のまま連行された女性の中には、子供を抱きかかえていたために、他に何も荷物をもっていけなかった者もいたという。

東南アジア各国から一旦シンガポールへ集められた日本人は、インドへ向けて移動させられるが、そのわずか二十一日後に、日本軍はシンガポールを占領している。もし日本人の移動がもう少しだけ遅くなっていたら、彼らの運命は大きく変わっていただろう。

当時の日本人の様子

峰氏の著書からは、当時の日本人の様子がよく伝わってくる。彼らは抑留者としての苦しい生活を余儀なくされながらも、そこでの生活を改善していく工夫を忘れない。なかでも、日本人抑留者の食事についての記述が面白い。

プラナ・キラに到着してから、抑留者には最低限の食事しか与えられていなかった。また慣れないインドの食材は日本人には食べづらかった。そこで、有志で栄養部を立ち上げた。プラナ・キラではインドの大麦粉の配給があったが、それは皮混じりのものだった。そこで、栄養

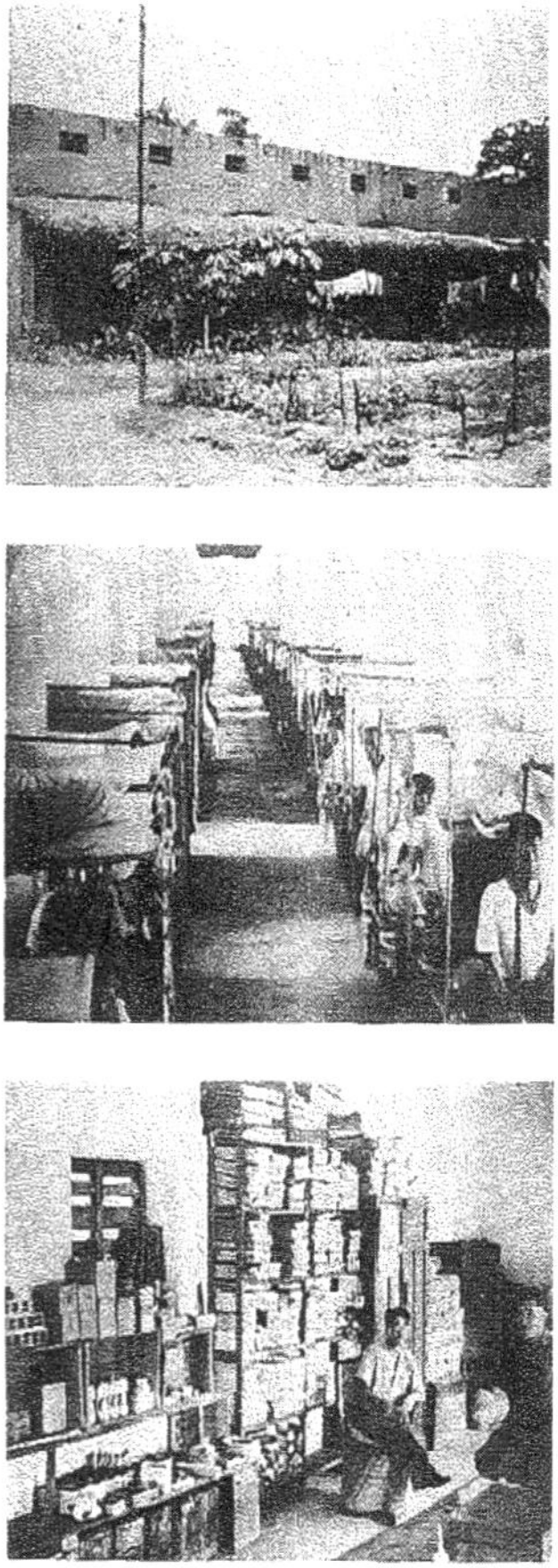

収容所内

部は、大麦粉を蚊帳でふるいにかけ、団子やパンを作った。

さらには、元菓子職人の抑留者が工夫を凝らし、あん入りの饅頭まで作っている。その他、収容所では、ムーングダルと呼ばれる今でもインド人が好んで食べる豆（青小豆）の配給が多くあったが、その調理法に頭を悩ませていた。そんな中、たまたま食べずに放置していた青小豆が発芽していることを見つけ、そこからモヤシの栽培の発想を得る。栄養的にもたんぱく質が取れ、消化もいいモヤシは抑留者に大変喜ばれた。野菜といえば玉ねぎくらいしか配給されなかった抑留者は、慣れ親しんだモヤシの味を大変喜んだらしい。

また、ムーングダルとは異なる豆の配給もあり、そこから味噌が作れないかと思い立つ。しかし、味噌作りには麴が必要だった。そこで栄養部は、毎日の残飯に含まれる米から麴を作り、それを豆に混ぜて発酵させ、味噌作りにも成功する。しまいには、その麴を使ってどぶろくまで作ったというから驚きだ。

また、収容所内には、売店があり必要な日用品が買えるようになっていた。今度は、抑留者はインド当局に対し、現金支給の交渉を始める。そして、交渉の結果、一日五ルピーまでの現金支給を勝ち取る。しかし日本人収容者の交渉はそこでは終わらない。現金支給に関しては、さらに交渉を重ね、毎月かかる日用品十五種以上とその値段を書いたリストを基礎資料として作成し、一日五ルピーでは足りないことを証明する。度重なる交渉の結果、抑留者たちは一日十五ルピーまでの支給を勝ち取るのだ。このように当時の日本人抑留者の生活からは、常に自分たちの状況を改善しようとする彼らのひたむきさと、したたかさが見て取れる。

しかし、そんな彼らに対して、デリーの環境が容赦なく襲いかかる。抑留者がプラナ・キラに入ったのは一月頃だったため、抑留生活が始まった直後は寒さが彼らの悩みだったが、三月を過ぎ始めるとそんな悩みが吹き飛ぶほどのデリーの酷暑が始まる。デリーの酷暑がどれほどのものか。例えば、冷房のない車に乗っていて、せめて窓を開けようとするが、今度はドライヤーのような熱風が吹いてくるので、結局窓を閉めていた方がまし、と思われるくらい暑い。デリーのアスファルトが暑さで溶ける事件が日本でも報道されたが、当時のデリーの暑さも変わらず耐え難いものだったようだ。最高気温が四十五度にもなる酷暑期は夜になっても気温が下がらない。この暑さには抑留者も打つ手なく、永遠に続くかのように思える酷暑をただただ耐えるしかなかった。

帰還組と残留組、勝ち組と負け組

そんな過酷な環境に耐え忍びながら、帰国を待ちわびていた抑留者の気持ちはどんなだっただろう。そんな中、抑留者にとって救いのニュースが飛び込んでくる。日英間の合意により、抑留者の交換が行われることになったのだ。しかし、日本側の船の収容人数には限界があったため、約三千人の抑留者のうち、七百二十名の抑留者のみが帰国できることとなった。

この交換による帰還者リストの発表は一九四二年七月十三日に行われた。この一部の抑留者だけが帰還できるということだけでも、帰還組と、残留組の間には感情的なわだかまりが生じただろうが、それ以上に思いがけないことが四日後に起こる。何と、先に発表された帰還者の名簿が全員変更され、全く別の名簿が発表されたのだ。先の帰還者が、主に「小学生以下の子供を持つ者（家族）と老人である」という説明であったのに対して、書き替えられたリストに挙げられた者は以下の条件から選ばれたようである。

一　国または政府の出先機関に勤めていた者
二　日本人学校の教師

三　半官半民の団体に勤めていた者
四　日本でも名の通った商社などの駐在員
五　日本に本部を持つ団体の派遣員
六　医師等特別の技術者

要は、エリートを帰国させ、それ以外を残したのだ。この選定について、峰氏は以下のように述べている。

多くの東南アジアの在留邦人が囚われの身となっているのに、外交官は当然のように日本へ帰ってしまった。当時の外交官の態度には、現在考えるとどうしても納得できないものがある。最後までこのインタニー〔抑留者のこと〕とともに残り、英国をはじめ現地の司令本部と折衝して、彼らの安全に努力すべきではないか。当時の「お上」であった公務員は、他より先んじて安全な場所へ避難するのが当然だったのだろうか。(4)

その後、抑留者たちはデリーから西へ行ったラジャスターン州のデオリという場所に移される。その後も帰還船で帰還できた者もいたが、それにも漏れた者たちはデオリで終戦を迎えることになる。そして、終戦を迎える時、残された抑留者にとってさらなる悲劇が起こる。それは、一九四五年八月十五日の終戦を機に起こった「勝ち組」と「負け組」間の闘争と、抑留者の間で「二・二六事件」と呼ばれる軍隊による発砲事件である。

今では異なる意味で使われるようになった「勝ち組」、「負け組」だが、これは、もとはブラジルなどの日系人コミュニティで使われた言葉である。終戦時、日本が負けたことを認めず、むしろ日本は連合国軍に勝ったのだと主張する「勝ち組」と、日本が負けたことを受け入れる「負け組」とがそれぞれの主張をぶつけあった。これと同じことがインドの抑留者の間でも起こった。インドの抑留者における対立はエスカレートし、勝ち組の態度が高圧的になる中、勝ち組による負け組に対する暴力事件が起こる。

事態を深刻に受け止めた司令部は、「勝ち組」の抑留者に対して、暴力事件を起こした抑留者の引き渡しを要求した。しかし、「勝ち組」はそれに対し暴力で応える。そして、二月二十六日、ついに司令部の命令により軍隊が出動し、発砲事件が起こる。この事件により抑留者の間に**十七名**もの犠牲者が出た。

ただでさえ過酷な抑留生活に加えて、帰還組と残留組の分断、そして「勝ち組」と「負け組」の間での衝突と軍隊による発砲事件。これらを経験した抑留者の間には、帰国後も大きな心の溝が生まれてしまった。抑留者へのインタビューに関して、峰氏は「敗戦時のブラジルのように殺害事件があったことを語りたがらない人がいる」と取材活動が容易ではなかったことを述べている。

歴史という困難

今、プラナ・キラに行っても、強制収容所の跡は残っていない。三千人の日本人が抑留させられていた事実は、どこにも確認できない。現地では検証ができない今、峰氏が苦労して聴取した記録には歴史的価値がある。多くの日本人が、日本とインドの間にこんな歴史があるとは知らないだろう。

乾いたインドの地で、慣れない食事を与えられながら、それでも毎日を生き抜くための工夫を忘れず、帰国を夢見ていた先人たち。そして、帰還組と残留組の分断、勝ち組と負け組の争い。これらすべてを経験した人たちの想いはいかなるものだっただろう。歴史を風化させてはならないという言葉も、これほどの経験をした者に言うべき言葉なのかさえ分からない。現在の恵まれたインド生活を送りながら、それでもインド生活が辛いなどと言っていた私には、到底理解できない苦悩である。

ちなみに、プラナ・キラに抑留させられた三千人の日本人のうち、**百六名**の者が何らかの理由で亡くなっている。この数については様々な意見があるだろう。私としては、一人でも犠牲者が少ない方が良かったと言う他ない。

最後に、日印関係はこうした歴史を超えていける関係に成長できるだろうかということを思う。いたずらに政治化し、外交の手段として歴史問題を使うのではなく、共通の未来を描くための歴史検証ができれば、抑留を余儀なくされた先人たちの苦労も報われる。近年の東アジア情勢をみていて、歴史問題の難しさを強く感じるが、こういう時こそ、歴史から学ぶ姿勢を身につけたいと思う。まずは先人たちが通った道、その中で耐え難きを耐えるしかなかった彼らの思いを少しでも知ることが重要だろう。

註

（1）林博史「インドに抑留された日本人民間抑留者」（『関東学院大学経済学部総合学術論業』一九九八年七月）。なお一六四頁の図版は林氏の論考による。
（2）前掲論文
（3）峰敏朗『インドの酷熱砂漠に日本人収容所があった』（朝日ソノラマ、一九九五年）一八―一九頁
（4）同一五六頁

三　日本で祀られるインドの神々

唯一なるものを賢者は種々に呼びなす。
『リグ・ヴェーダ』

ところ変われば

最近はインドでもデリーのような都市部であれば寿司が食べられるようになってきた。しかし生魚を食べ慣れていないインド人にとって、まだまだ寿司のハードルが高い。そこで以前デリーでは「デリー巻き」と呼ばれるスパイスのかかった寿司が流行った。ネタはパニールと呼ばれるインドのチーズなどだ。このデリー巻き、一部のインド人の間では、生臭くて味気ない日本の寿司より好評だと聞いた。

最近、日本でもインドカレー屋が増えてきているが、日本のインドカレー屋で豆カレー「ダール」が食べられるところは少ない。しかし、ダールはインド料理の定番で、インド人からすれば、ダールのないカレー屋など味噌汁の出ない定食屋のようなものだ。ダールは、家庭によって味付けが変わると言われていて、その点も味噌汁と似ている。また、日本ではナーンが人気だが、インドではナーンよりもチャパティの方がよく食べられている。チャパティもナーンのように練った小麦粉を伸ばして焼いたパンのような食べ物だが、生地は発酵しておらず、よりあっさりした味になっている。

また、インドの伝統的なカレーの食べ方では手を使う。コツは親指の使い方。人指し指、中指、薬指と親指ですくったカレーとご飯を、親指を使って口に押し込む。北インドではご飯とチャパティとカレーを一緒に食べることが多いが、手で食べていれば、箸やフォークを持ち変えるような煩わしさがない。インド人を真似して手で食べてみると、カレーとご飯とチャパティのそれぞれの温度が手から伝わってくる。こうした食べ方が、インドという土地で育まれてきた理由がなんとなく分かってくる。カレーを食べ終わった後は、指を一本一本きれいに舐めながら、カレーの余韻を味わう。これがインドのカレーの食べ方だ。

このように、文化は、ところ変わればその有り様は大きく変わってくる。インドと日本のように文化的差異が大きい場合はなおさらだが、さらに面白いのは、ある文化が、生まれた場所よりそれが紹介された場所で、もとの形態や意味を大切に守られていることである。こうなると、どちらが親でどちらが子かが分からなくなってくるが、インドから日本へ伝来した宗教で、これに似た現象が起こっている。

「日本で祀られるインドの神々」展

本論に入るにあたって、紹介したい事業がある。それは、二〇一五年に行った展覧会兼講演会「日本で祀られるインドの神々展」である。

インドから仏教が日本へ伝来したことは有名だが、ヒンドゥー教の神々も日本に持ち込まれ、今でもそれらの神々が祀られていることを知っている人は多くない。上の事業はこの事実を取り上げたものだ。インドの著名な写真家であり美術史家でもあるベノイ・ベヘル氏が、日本研究フェローとして来日した時に撮ってきた日本の神社仏閣に保存されているヒンドゥー教の神々に関する彫刻や絵の写真を展示した。また展覧会にあわせて、ベヘル氏による講演会も行った。

たとえば「弁財天」を祀る神社仏閣は日本各地にあるが、弁財天は水と関係があることを知っているだろうか？　井の頭公園や上野の不忍池の弁財天にも社の周りには池がある。これは、弁財天が、もとはヒンドゥー教の女神サラスヴァティに由来しているからで、サラスヴァティは西北インドにあった大河の名前が、後に河川および湖に住む女神として崇められたことから来ている。

このように日本では弁財天はほとんど水とセットになって祀られている。しかし、実は当のインドでは必ずしもサラスヴァティの祀られる場所に水はない。このサラスヴァティと水の組み合わせの伝統はインドでは必ずしも守られておらず、場合によっては忘れられている。

多くの点において、日本では、既にインドでは変容してしまった古代インドの伝統の形がそのまま残されている。たとえば、日本ではサラスヴァティ（弁財天）はヴィーナ（琵琶）と一緒に祀られているだけでなく、水との繫がりでも覚えられている（このことから、皆さんはサラスヴァティがもともとは同じ名前の川の擬人化された姿であったことが思い出せるだろう）。

（ベノノ・ベヘル氏講演）

また、多神教であるヒンドゥー教には昔から数多くの神々がいたが、古代インドにおいて最も多く崇拝された神としてインドラという神がいる。武勇の神で、暴風雨を引き起こし、悪魔を退治する神だ。インドラ神は、日本に来て「帝釈天」として崇められた。『男はつらいよ』で有名な寅さんのふるさと柴又の帝釈天である。しかし、今のインドにおいてインドラ神が顧みられることは少ない。古代から現代に至る間にヒンドゥー教の神々の序列が変わり、今日インドで最も多くの信仰を集める神はヴィシュヌ神やシヴァ神になっている。もしインド人に、日本で有名なヒンドゥー教の神として帝釈天（インドラ神）を挙げたら、大抵のインド人はびっくりするだろう。

今度は、オリジナルの形の方が一般的になっている例を挙げよう。水野敬也『夢をかなえる

弁財天像（サラスヴァティ）
吉原神社
Copyright © Benoy Behl

弁財天（サラスヴァティ）
不忍池
Copyright © Benoy Behl

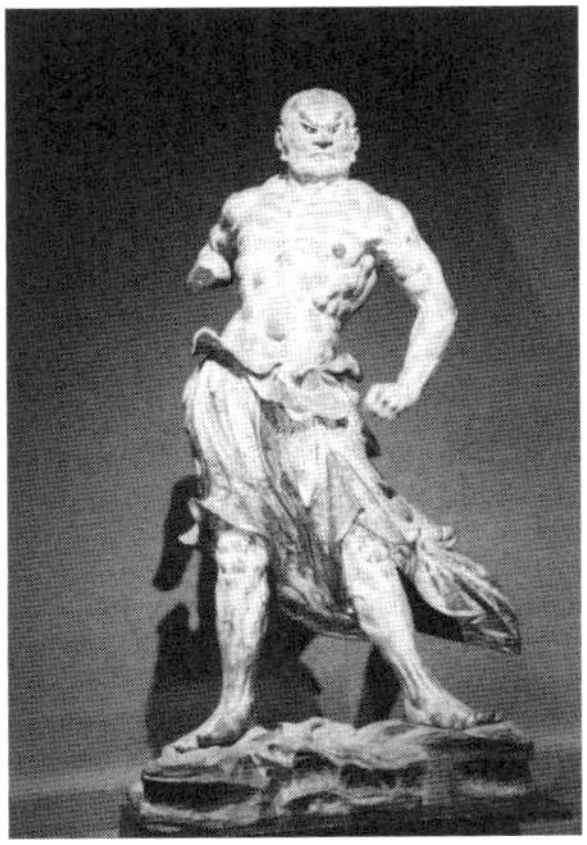
帝釈天立像（インドラ）
興福寺
Copyright © Benoy Behl

歓喜天像（ガネーシャ）
泉涌寺
Copyright © Benoy Behl

ゾウ』（飛鳥新社、二〇〇七年）がベストセラーになりかつテレビ放映もされた影響で、日本でも象の神様ガネーシャが一躍有名になった。

このガネーシャは、日本では歓喜天と呼ばれている。この歓喜天はインドのものとは姿が異なり、典型的なものは男天・女天二体の立像が向き合い抱擁しているものだ。しかし、今の日本人には、このガネーシャより、次頁にあるガネーシャの方が、

インドにおける一般的なガネーシャの絵

馴染みがあるのではないだろうか。実は、男女が抱擁している姿の歓喜天は、性的なものを想起させるため、仏教においては秘像としてほとんど公開されてこなかった。このため、過去に日本に伝わり土着化した歓喜天の姿より、本国インドのガネーシャ像の方が我々にとっては馴染みがあるものになった。

インドにおける仏教

今度は、インドにおける状況を見てみよう。インドで生まれた仏教は、東南アジアと中国を経て、日本まで伝えられてきた。しかし、現在のインドにおける仏教徒の数は人口のわずか一%にも満たない。インドでは「仏教は滅んだ」とさえ言われている。また、日本人にとっては驚きかもしれないが、インドにおいて仏教は、ヒンドゥー教の一部として見なされることがある。それを端的に示すものとして、上述のヴィシュヌ神の「化身《アヴァター》」の物語がある。

ヒンドゥー教では、ヴィシュヌ神は生類を救済するため十種の化身となって、この世に現れると言われている。その第九番目の化身が「仏陀」なのだ。古代インドの叙事詩『ラーマヤナ』

の主人公であるラーマも、ヴィシュヌの第七番目の化身とされている。そのラーマは、悪魔ラーヴァナと戦い、ついに悪魔を打ち破り民衆を救ってくれる存在だ。

しかし、こと仏陀としてのヴィシュヌは他の場合とは少し異なる役目を帯びて登場していて興味深い。仏陀となって現れたヴィシュヌの役目は、「誤った教義を鼓吹し、悪人および悪魔をしてヴェーダの学習祭式を放棄し階級制度を無視せしめて、彼らを破滅に導く」[1]ことである。ヒンドゥー教の社会制度を否定する中で興った仏教はヒンドゥー教から見れば邪宗だからだろうか。ここでは、仏陀の神聖は否定せず、逆にその役割をひっくり返すことで、仏教の位置付けを逆転させている。

なお、古代インドに目を向けてみると、仏滅後千年ほどは、インドの仏教は大いに栄えた。特に古代インドにおいてインド亜大陸をほぼ統一したマウリヤ朝の第三代の王アショーカは積極的に仏教を保護したため、仏教は広く信仰されていった。この時代、仏教はインドにおいて最も大きな勢力をもつ宗教だった。

当時のヒンドゥー教はまだインド全土に広がるような教義を備えたものではなく、一部のバラモン（ヒンドゥー教におけるカースト制度の最上位にいる司祭）が行う祭式が中心の宗教であった。そして、このマウリヤ朝時代に、正統なバラモンの間で教学整備などが行われ、またインドの種々の民間信仰を取り入れながら大きく変容していく。なかでもバラモン教からヒンドゥー教への転換に大きな影響を与えたのが仏教であり、そのため、インド研究においては、仏教以前のものをバラモン教と呼び、仏教以後のものをヒンドゥー教と呼んでいる。

その後、マウリヤ朝が滅亡し（紀元前一八〇年頃）、約五百年間インドでは分裂状態が続くが、四世紀に入りグプタ朝が起こり、マウリヤ朝以後の統一国家が形成される。それと同時に仏教とヒンドゥー教の地位の転換が起こる。ここで、仏教の時代は終わり、ヒンドゥー教の時代が始まったとされる。これ以降、仏教は勢いを失っていき、主流派となったヒンドゥー教の中に吸収されていく。

日本の受容、インドの受容

さて、インドと日本の宗教の受容について、数千年の時を駆け抜けるように概観してみた。上述のとおり、日本ではインドから仏教とともに伝来した様々な神々が、その姿は変えながらも、原型の哲学を守りながら祀られてきた。サラスヴァティと水との組み合わせや、今でも日本の密教で行われている護摩焚きの起源がバラモン教の宗教儀礼《ホーマ》であることなど、原型を重んずる日本文化の特徴が随所に見える。今ではもともとの意味が分からなくなってしまった儀礼や神々の所以などもあるが、それでも何百年ものあいだ原型を維持してきた。

対照的にインドでは、異なる宗教の受容が大胆に行われてきた。その結果、オリジナルにあった宗教はその姿を大きく変えている。もはや、どこからが仏教の思想を取り入れたもので、どこからがヒンドゥー教オリジナルのものであるかの線引きは困難で、その他幾多ある民間信仰をすべてひっくるめたものが現代のヒンドゥー教となっている。

民衆は多数の神々を統合して唯一神を考えるということをしなかった。多くの神々がそのまま生かされた。この基盤の上に、ヒンドゥー教に顕著な多様性と寛容とが成立したのである。(2)

幕ノ内弁当のようにそれぞれのおかずを別々にしておくのが日本文化の特徴だとすれば、カレーのように、すべての食材を一つの鍋に入れて煮込むのがインド文化の特徴と言えるだろうか。こうした違いがそれぞれの宗教受容の違いにも見えて面白い。

しかし、それぞれ異文化受容の仕方は異なるが、異文化を敵視せず、受容／共存の道を探ってきた点に注目したい。昨今、宗教を理由にしたテロが世界中で起こり、世界はますます混迷を深めているが、異なる文化や信条に対して、いかに違いを認め合い、乗り越えていけるかは今後の世界においても重要なテーマとなろう。

「日本で祀られるインドの神々」展について、当初、この事業はいたずらにインド人のプライドをくすぐるだけにならないかという懸念があった。しかし、結果として聞こえてきたのは、インド人の反省だった。既にインドでは忘れ去られた自分たちの伝統を、遠い日本の人びとが覚えて、大切にしているという事実を知った時、我々は何をしていたのか、とインド人にとってわが身を振り返る機会となったようだ。
このようなことからも、文化交流は常に双方向的であることが分かる。仏教はインドから日本へ一方向的に伝来されていったものだが、時を経て、今度は日本からインドへ逆輸入される流れが生まれている。こうした文化交流がもつ相互作用は、閉じつつある現代世界において重要なメッセージとなるだろう。私たちの先人たちが行ってきた、異文化の受容に学ぶべきことが多いと、改めて気付かされる。

註

(1) 中村元『ヒンドゥー教史』(山川出版社、一九七九年)二一七頁
(2) 同一八頁

四　幸せの国ブータン

「幸せの国」ブータン

ヒマラヤ山脈に沿って飛んでいた飛行機が、急に旋回を始める。ジェットコースターのように動く機体に少しの不安と気持ち悪さを覚えながら、窓から外を眺める。周りの山々をすり抜けるように飛んでいる機体が、さらにその体を大きく斜めに傾けたと思ったら、突然の着陸。「幸せの国」ブータンのパロ国際空港に到着した。

空港に降り立つと、第五代ワンチュク国王、王妃の仲睦まじい写真が我々を迎えてくれる。ワンチュク国王、王妃といえば、二〇一一年の東日本大震災の被災地訪問と国会議事堂での演説を覚えている人も多いだろう。

パロ空港の外には、のどかな山岳風景が広がっている。ブータンの伝統衣装のゴ（男性）とキラ（女性）を着た人びととすれ違えば、まるでタイムスリップしたような気持ちにさえなる。中国とインドというアジアの大国にはさまれた小国が、なぜこれほど穏やかで平和な社会を保っていられるのだろうか。今までに何度か出張でブータンを訪れたが、今回の出張では、幸せの国と呼ばれるブータンの来し方行く末について考えてみたい。そんな思いに駆られた。

ＧＮＨ——ブータンの生き残り戦略

ＧＮＨという言葉を聞いたことがあるだろうか。これは、ブータン第四代国王が提唱した考え方で、「ＧＮＰ（グロス・ナショナル・プロダクト、国民総生産）」ではなく、「ＧＮＨ（グロス・ナショナル・ハッピネス、国民総幸福）」で国の豊かさを計るという考え方だ。

第四代国王は、第三代国王の急逝により、一九七二年に十六歳で即位した。聡明で進歩的な国王として知られ、国王でありながらブータンの民主主義を進め、国王の定年制を導入した。退位した今も国民からの信頼は厚い。その第四代国王が、一九七六年、スリランカのコロンボで開催された第五回非同盟諸国首脳会議後の記者会見で、記者の質問に対し「ＧＮＨはＧＮＰよりも重要だ」と答えた。これが、ＧＮＨが対外的に初めて紹介された瞬間だとされている。

この時、第四代国王は弱冠二十歳。南アジアの小国ブータンの若い国王が、全く新しい社会発展の可能性を示した瞬間だった。その後、ＧＮＨの考え方は、少しずつ世界の識者の注目を集め、二〇〇四年にブータンでＧＮＨに関する初の国際会議が開かれたのを皮切りに、二〇〇五年にカナダ、二〇〇七年にタイ、二〇〇八年に再びブータン、二〇〇九年にブラジルでＧＮＨに関する国際会議が開かれることとなった。

ＧＮＨの内容について紹介するため、以下に、第四代国王が二〇〇四年に日本の京都大学で講演した時の内容を引用したい（強調は引用者）。

> ＧＮＨの立脚点は、人間は物質的な富だけでは幸福になれず、充足感も満足感も抱けない、そして経済的発展および近代化は人々の生活の質および伝統的価値を犠牲にするものであってはならない、という信念です。ＧＮＨを達成するために、政策的にいくつかの優先分野が設けられました。繁栄が、国のすべての地域に、社会のすべての分野に共有される公平な社会経済開発、汚染のない環境の保護および促進、ブータンのユニークな文化遺産の保存および発展、民衆参加型の責任ある良い政治。[1]

このＧＮＨの基本的な考え方は、ブータン憲法においても様々な条項に取り入れられ、ブータン国内の近代化に大きな影響を与えている。そればかりでなく、国連が掲げるSDGs（Sustainable Development Goals（持続可能な開発目標））にも大きな影響を与えていると言われている。

このように注目されているブータンのＧＮＨだが、ここでは、あえて少し違った視点からＧＮＨの価値について考えてみることにしたい。それは外交政策、特にソフトパワーの観点からのＧＮＨの価値についてである。

ソフトパワーとは、一九九〇年にハーバード大学のジョセフ・ナイ教授が提唱した概念で、従来の武力や経済力といったハードな力ではなく、文化や社会制度といったソフトな力でもって相手に影響を与える力で、ナイ氏の言葉を借りれば「強制や報酬ではなく、魅力によって望む結果を得る能力」(2)である。「GNH」という独自の価値観に基づく社会発展を図ることで、ブータンは対外的に「幸せの国」というブランドを確立させることに成功した。その「幸せの国」ブータンに対しては、多くの国が羨望のまなざしを送っている。こうした魅力は、ブータンにとって外交上のパワーであり、ブータンの外交に好ましい影響を与えている。時にそれは国家の安全保障においても無視できない力を発揮していると考えられる。

いまブータンを侵略しようとする国があると仮定しよう。しかし、その国にとってブータン侵略の代償はかなり高い。侵略国が払わなくてはいけない代償とは、「幸せの国」を不幸にするという負のレッテルだ。ブータンの幸せの国というのは、いわばブータンの見えない防衛線で、この防衛線を破れば、世界中から批判の集中砲火を受けることになる。この代償は、たとえ大国でも小さくない。むしろ大国であるほど、その影響は大きい。これが、ブータン侵略に対する一つの抑止力として働いている。これはヨーロッパで言えば、永世中立国であるスイスのソフトパワーがスイスの安全保障に好影響を与えていることと原理としては同じだ。同じようにノルウェーは、多くの和平交渉に介入することによって、ノルウェーの軍事力や経済力から予想される以上の政治力をもつことに成功している。(3)

ブータンを取り巻く環境

事実、幸せな国ブータンは常に他国からの侵略の危機に直面してきた国だ。近代以降、ブータンを取り巻く環境は厳しく、自国の独立を守れるかどうか緊迫した状況が続いていた。一九五〇年代、ブータンは、自国のちょうど真北に位置するチベットが中国に併合されるのを目の当たりにする。ブータンにとってチベットとは、チベット仏教の地として、常に大きな影響を受けてきた国である。

チベットとブータンの面積を比較してみると、チベットの面積が**約百二十二万八千平方キロ**に対し、ブータンの面積はたった**約三万八千平方キロ**。この広大なチベットが併合されたのは、ブータンにとっては大きな衝撃だった。そのため、ブータンは自国の安全保障をもう一つのアジアの大国インドに委ねることにした。今でも、インドはブータンの保護国として、ブータンの外交および防衛に直接影響力を行使している。当然、インドにとってもブータンは中国との戦略上重要な位置にあったため、ブータンを保護する政策は自国の安全保障にとっても重要なことだった。

しかし、当のブータンにとって、自国の安全保障は単にインドに頼っていればいいという単純なものでもなかった。なぜなら、インドによるブータン併合という危険性もあったからだ。チベット併合後には、インド国内におけるシッキム王国の併合が起こっている。シッキム王国はブータンの南に位置する小国で、一九五〇年にインド・シッキム条約を結び、ブータンと同様インドの保護国となっていた国である。

しかし、一九六〇年代に入り、シッキムの状況は急変する。一八八〇年代から茶葉栽培のために労働力としてシッキムに大量に流入してきたネパール系住民が一九六〇年代の時点では、既にシッキム人口の七割以上を占めるようになっていた。そういった国内情勢において、インドの保護国という状況に不満をもった当時の王室側勢力が反インドの姿勢を示し始めると、インド政府はシッキム王国内のネパール系政党を支持し、シッキム社会に大きな亀裂を生じさせる。その混乱に乗ずるように、一九七五年、インドはシッキム王国を併合してしまう。現在、シッキムはインドの一つの州となっている。一九七五年とは、上述の第五回非同盟諸国首脳会議の前年にあたる。

このようにブータンは、南アジアにおける小国として、上は中国、下はインドという大国からの脅威に常にさらされ続けてきた。GNHという考え方は、自国の独立が危ぶまれる、迫りくる危機という政治状況下で生まれたもので、自国の生き残り戦略のためにブータン＝「幸せの国」というブランドを確立したものと捉えることも可能だ。事実、ブータンは、チベットとシッキムがそれぞれ中国とインドに侵略／併合されていく中で自国の独立を守り抜き、世界中の多くの人たちが憧れる平和な社会を築きあげることができた。

ブータンの今とこれから

では、現在のブータン社会はどうだろうか。今までに四度ブータンへ出張したが、毎年、急激に変化する首都ティンプーの様子に目を奪われる思いがした。最後の出張で一番驚かされたのは、ホテル・ル・メリディアンの存在だ。一泊五万円もするこのホテルについて、町のタクシー運転手が「自分はお茶を飲むことさえできない」とこぼしていた。当然、こういったホテルは、外国人かよほどの金持ちのブータン人のために作られたものであって、一般のブータン人は入れない空間だ。こういった空間は、その社会に住む人間の中に、その空間に入れる人＝「中の人」と入れない人＝「外の人」という物理的な隔たりを生み、社会格差を助長することにつながる。

このことについて、ブータンで唯一の私立大学ロイヤル・ティンプー・カレッジの非常勤講師で、日本研究フェローシップとして来日経験もあるカルマ・テンジン氏に意見を聞いてみた。すると、彼から得た回答は少し意外なものだった。テンジン氏いわく、確かにメリディアンなどの五つ星ホテルは一般のブータン人向けの施設ではない。しかし、その施設はブータンの伝統的建築様式を用いた造りになっており、この建物を建てるにあたっては、内装も含めて、多くのブータン人大工やアーティストが起用されているという。

このように、外資系企業が進出してきているからといって、一概にブータンの文化がないがしろにされているわけではなく、むしろ観光立国のブータンにおいては、外資系資本を有効に活用しながら、逆に自国の文化保存に役立てようとしているのだという。確かに、看板こそメリディアンと書かれているが、ひと目では、これがメリディアン・ホテルとは分からない。

それでも、近年ブータンで起こっている急激な近代化に対しては、その負の側面が懸念される。首都ティンプーでは、ここ数年で夜中でも若者が集うバーやダンス・クラブの数が明らかに増えた。その数は東南アジア諸国などと比べればまだまだ微々たるものだが、外国の新しい文化に対する免疫がないブータン人はこうした文化の影響を受けやすいのではないだろうか。

近代化という大きな波の中で、GNHを羅針盤に自国の発展という舵取りをしようとしている人たちに対し、国際文化交流というフィールドで何が発信できるだろう。国際交流基金と国際文化会館が共催で行っているアジア・リーダーシップ・フェロー・プログラム（ALFP）の元参加者で、情報省の事務次官を務めたキンリー・ドルジ氏が、以前こんなことを語っていた。

ブータンは外国文化の受け入れには非常に慎重な国です。これは、近代化がこの小国に及ぼす影響を考えてのことです。ただし、私は日本のアニメは、より積極的に取り入れていきたいと思っています。なぜなら、日本のアニメには仏教の精神や深い人生観が入ったものが少なくなく、これからのブータンの発展にとって重要なメッセージが多く含まれていると思うからです。

ブータンは南アジア諸国の中で最も親日的と思えるほど、日本を好意的に受け止めてくれている国だ。日ブータン国交二十五周年にあたる二〇一一年に日本を訪れた第五代ワンチュク国王は国会での演説で日本について以下のように述べている。

私は若き父とその世代の者が何十年も前から、日本がアジアを近代化に導くのを誇らしく見ていたのを知っています。すなわち日本は当時開発途上地域であったアジアに自信と進むべき道の自覚をもたらし、以降日本のあとについて世界経済の最先端に躍り出た数々の国々に希望を与えてきました。日本は過去にも、そして現代もリーダーであり続けます。このグローバル化した世界において日本は、技術と革新の力、勤勉さと責任感、強固な伝統的価値観における模範であり、これまで以上にリーダーに相応しいのです。(4)

このような眼差しを日本に向けるブータンの明日のために、日本が貢献できることは少なくない。近代化という誰もが開けなくてはいけない扉をアジア諸国の中でいち早く開けた日本なら、いまその扉を開きつつあるブータンにかけられる言葉があるはずである。ブータンは、決して天然林のように自然に出来上がった国ではなく、また想像上の桃源郷でもない。大国からの脅威に直面し、いまや近代化の波にも抗しながら、自国の舵取りを懸命に行っている国だ。そんなブータンと真の互恵関係を築いていくために、文化交流が果たせる役割も決して小さくないはずである。

ブータン出張を終え、私は、パロ空港でデリーへ帰る飛行機の到着を待ちながら、同僚たちと今後のブータンでの文化事業についての尽きない話をしていた。飛行機に乗り込む前に見た景色が、私たちの目にはひときわ美しく映っていたのが印象的だった。

註

（1）ドルジェ・ワンモ・ワンチュク『幸福大国ブータン』（今枝由郎訳、NHK出版、二〇〇七年）四七、四八頁

（2）ジョセフ・ナイ著『ソフト・パワー――21世紀国際政治を制する見えざる力』（山岡洋一訳、日本経済新聞出版社、二〇〇四年）一〇頁

（3）同三二頁

（4）「ジグミ・ケサル・ナムギャル・ワンチュク・ブータン王国国王陛下国会演説平成二十三年十一月十七日（木）」
http://www.shugiin.go.jp/internet/itdb_annai.nsf/html/statics/topics/enzetu111117-1.html

第四章

文化交流の現場

都市化の光と影——統計から見た大国

村落：65万村（2011年）
都市と農村の所得格差：2倍
牛の屠殺が認められている州の人口：5億3300万人（2011年）
ベジタリアン：3億7200万人（世界第1位＝2011年）
飲酒経験のない人：9億100万人（2011年）
映画館スクリーン数：1万1100スクリーン（世界第3位＝2015年）
映画入場者数：2億200万人（世界第1位＝2016年）
映画製作本数：1986本（世界第1位＝2016年）
携帯電話契約者数：11億6890万人（世界第1位＝2017年）
インターネット普及率：34・45％（世界第144位＝2017年）

一　インドでの文化交流事業と日印の懸け橋

インドにおける文化交流

日本とインドは物理的な距離以上に文化的な距離が遠い、と感じられることがある。日本とインドの間でどのような文化交流が行われているかを知る人も少ないだろう。そこでここでは、インドとの間で行われる文化交流の一端とそれを担う人々について紹介したい。

インドは、外国文化に対し保守的な傾向が強いと言われてきた。そのため、インドでは日本のアニメや漫画、コスプレ、アイドルといった「カワイイ文化」が受け入れられてこなかった。ただ興味深いことに、インドでも**セブン・シスターズ**と呼ばれる**北東部七州**では、日本の「カワイイ」は自然に受け入れられてきたようだ。文化境界線がインド北東州とそれ以西の間に存在することが分かる。北東州地域はメガラヤ州とアッサム州を除いて、外国人の入域が制限されている地域でもある。そんなインド北東州の一つ、アルナーチャル・プラデーシュ州はバックパッカーの間では有名な秘境だが、そこで、毎年インド最大規模のコスプレ大会が行われてきたというから驚きだ。

しかし、こうした状況が近年大きく変わりつつある。インドの都市部を中心に、アニメや漫画の熱烈なファン層が生まれ、積極的な文化発信を行っている。インド社会における新人類の彼らは「カワイイ」「オタク」「萌え」といった日本発の価値をそのまま受け入れ、インドのアニメ文化を牽引している。いまやインドでも一部の本屋では英訳された日本の漫画が手に入るようになり、インドのケーブルTVでは日本アニメが見られるようになった。まだ数と種類には限りがあるが、インドにも日本のアニメを受け入れる土壌が生まれつつある。

二〇一二年十二月から二〇一三年六月まで、インドでは「巨人の星」のクリケット版「スーラジ・ザ・ライジング・スター」が放映されて、話題を呼んだ。文化交流は常に双方向的に働きうるが、日本の伝説的野球漫画がインドでクリケット版として復活したのは、その好例と言えるだろう。もう一つの例を挙げると、藤子不二雄Ⓐ作品の「忍者ハットリくん」もインドで放映されている。何とインドでは「忍者ハットリくん」の新作も製作されている。インド版忍者ハットリくんでは、空き地で子供が野球をやっているお馴染みのシーンで、子供たちはクリケットをやっている。

インドでは、日本の伝統文化のパフォーマンス（能、歌舞伎、和太鼓など）の人気が根強い。日本の着物や武具などの展示も多くの来場者を呼ぶ。以前、日本から舞妓を招へいし、踊りや歌を披露するワークショップを行った。白い肌が美しさと富の象徴として尊ばれるインドで、真っ白な肌の舞妓は人々の目をくぎ付けにした。その舞妓のパフォーマンスが行われる会場では、百名程度の場所に何倍もの観客が押し寄せ、人でごった返していた。文字通り足の踏み場のない熱気が凄まじかった。

最近では、日本の伝統文化がインドの伝統文化と融合することで大きなヒットを生んだ事業もある。「五耀會《ごようかい》」という現代の日本舞踊界の気鋭の舞踊家五名によるグループとインドの舞踊家による共同作品で、インドの古代叙事詩『ラーマーヤナ』を踊りで表現した作品が発表された。言葉だけでなく、リズムも音階の取り方もすべてが異なる日本とインドの伝統文化だが、そこに集まったアーティストたちはその違いを乗り越え、日本人とインド人の両方が感動する作品を生み出した。伝統衣装を身に纏った日本舞踊とインド舞踊の舞踊家が同じステージ上で踊っているのを見ていると、もし近代以前に日本人とインド人が出会ったらこういう光景だったのだろうかという想像を観ている側に掻き立てる。公演終了後、観客総立ちの会場では拍手がなりやまなかった。

ただ、こうした事例からインドと日本の文化的距離が縮まった、日本文化が広く受け入れられるようになったとは到底いえない。まだまだ一般のインド人の日本理解のレベルは低く、日本とインドは文化的に遠い距離にある。そもそも欧米志向だと言われているインド人は、文化だけでなく、教育も、就職も欧米を目指す人が圧倒的に多い。そんなインドで、文化交流を活発にしていくためには、「日印の懸け橋」となる存在がこれからも必要になってくる。

ヒンディー語翻訳家、菊池智子氏

本書でも紹介したように複雑な言語事情を抱えるインドでは、文化事業は英語で行えばいいと思われることがある。確かにインドでは、講演会、映画上映、展示等の字幕はより多くの人が理解できるという理由から、準公用語の英語となることが多い。インド全土を巡回させるような事業では、なおさら英語に頼らざるをえない状況がある。しかし、いかに表面上は流暢に英語を話しているインド人でも、自分の生活空間に戻った時、また自分の感情を表す時などはヒンディー語などの母語に切り替えていることが少なくない。こうしたことから、あえて英語ではなくヒンディー語で事業を行うこともあった。ヒンディー語で事業を行うことは、ヒンディー語しか解さない層の人々（高い教育を受けていない人々）にも日本文化を届けることにもつながる。そのヒンディー語の翻訳をサポートしてくれる日本人に、菊池智子氏がいる。

菊池氏は、インドのネルー大学でヒンディー語文学の博士号まで取得した若手ヒンディー文学博士兼ヒンディー語翻訳家だ。小柄で華奢な容姿の菊池氏だが、その外見からは想像できないバイタリティをもって、私たちの事業を支えてくれた。

菊池氏のように「言葉」で日本とインドをつなげられる存在は、日印両国にとってなくてはならない存在だ。これからも第二、第三の菊池氏を育てていかなくてはならない。そこで、どうしたら菊池氏のような日本人が生まれるのかを探るため、菊池氏がインドに来るようになった経緯について聞いてみた。

菊池氏いわく、もともと高校の頃にはインドに興味をもっていたそうだが、最初から何かビジョンがあったわけではなく、ただ高校卒業後に、インドに十カ月行けるプログラムがあったため、それに参加したのがインドとの出会いだったという。ただその十カ月は、アッという間に過ぎてしまった。まだ帰りたくない、そう思った菊池氏は、ジャイプールにあるマハラニ大学の文学部への編入を決意し、そこでヒンディー文学を専攻する。すると、今度はヒンディー文学が面白くなってくる。そこで菊池氏は、デリーにあるネルー大学文学部の修士課程に入るが、そこでヒンディー詩人マハーデーヴィー・ヴァルマー（一九〇七〜一九八七）の作品と運命的な出会いをする。マハーデーヴィー・ヴァルマー、日本ではほとんど知られていないが、二十世紀前半から後半にかけてヒンディー語で作品を作り続けたインドでは著名な女性詩人だ。

菊池氏にとって、マハーデーヴィーとの出会いは衝撃的で、インドで女性として暮らすことは生半可なことではないと肌で感じ始めていた菊池氏は、マハーデーヴィーにのめり込んでいったという。インドでは女性は常に不条理を受け入れる側にいる。「何で受け入れちゃうの？」と問うてみても意味がない。現実にはそれしか選択肢がないからだ。インドでの生活が長くなるにつれ、そうした現実が分かってくる。そうした時、マハーデーヴィーが「覚醒して知識を得た女性」として、知識をもたない女性のために社会問題を取り上げた散文を生み出していたこと、しかもそれを一九二〇年代のインドにおいて行っていたという事実に驚愕し、惹かれていった。女性に対して不条理なインド社会の現状、それに立ち向かう女性詩人マハーデーヴィー。こうしたインドとの出会いを通じて、菊池氏はヒンディー文学研究者兼翻訳家としての道を切り開いていった。

菊池氏は、一九九二年からインドにいる。インドにいることは大変じゃないかと聞くと、「そりゃあ、もちろん」と笑って答える。しかし、それ以上に自分はやりたいことがあるのだという。自分がヒンディー文学と出会い、マハーデーヴィーと出会うことで自分の人生が豊かになっていったように、自分も文化を通じて、他者に貢献していきたい。行き着いた答えは、インド人に日本文化を紹介することだった。そして、菊池氏はネルー大学で文学博士号を取得後、日本文学とヒンディー文学の両方を翻訳する活動を始めた。今までに、マハーデーヴィー・ヴァルマーの人生と作品に関する著作 *Mahadevi Varma Ki Vishva Drishti* のほか、丸木俊『ひろしまのピカ』、金子みすゞの詩集、こうの史代による漫画『夕凪の街　桜の国』のヒンディー語訳など幅広く手掛けている。

これからも、もっと多くの日本文学を訳していきたいと語る菊池氏は、今日も色鮮やかなインドの伝統衣装を身にまとい、磨き上げたヒンディー語で日印文化交流の最前線に立っている。

最後に、菊池氏の人生を変えたともいえるマハーデーヴィーを紹介する意味も込めて彼女の詩を一つ紹介したい。彼女のパワーが感じられる詩だ。

永遠に隙のない目が

今日はとても眠そう、ひどい身なりはどうしたの！
目を覚ませ、遥か遠くへ進め！

この柔らかで美しい束縛は君を縛り付けるの？
蝶たちの色鮮やかな羽は道を阻むの？
蜜蜂の甘い羽音は世界の嘆きを忘れさせ、
露に濡れた花々の群れは君を溺れさせるの？
自分の影を自分の牢獄にするな！
目を覚ませ、遥か遠くへ進め！

（マハーデーヴィー・ヴァルマー『夕暮れの歌』）

折り紙伝道師、明日仁見氏

次に紹介したいのが、インドでの折り紙伝道師、明日仁見氏だ。明日氏も菊池氏と同じく小柄だが、バイタリティにあふれる女性だ。

インドで最も人気のある、私たちにとっての鉄板の文化事業と言えば「折り紙」だ。折り紙であれば、全国紙の一面を飾るような事業を仕掛けることもできる。政治、経済と違い、文化事業が新聞の一面でとりあげられることはほとんどない中で、折り紙だけは別格といえる。そして、そのインドの折り紙文化を支えてきたのが、明日氏である。

明日氏は、もともとインド人の夫のアショック・アシタさんに付き添うようにインドにやってきた。一九九八年のことである。きっかけはアシタさんが、両親と一緒にデリーで暮らすために、当時働いていたトヨタ自動車を退職したことだった。ちなみに、明日仁見さんの「明日」は、夫のアシタさんからきている。夫のアシタさんと、妻の明日さん、二人はインドに来て、一年間充電期間を置いてから、アシタさんはビジネスで明日さんは文化で「日印の懸け橋」になる事業をやっていこうということになった。

日本のお茶やお花ができたわけではなかった明日さんは、折ることならできるという意味で、だれでもできる折り紙に着目した。日本折紙協会の折紙講師の資格も得てから、二〇〇九年にインドで、折り紙を「折りたい」という気持ちと「折り隊」というグループをかけて「Origami Oritai」というサークル活動を立ち上げた。しかし、インドで折り紙を教えるというのは、当然、一筋縄ではいかない。まず折り紙に適した正方形の紙がない。また折り紙を教えられる人もほとんどいない。こうした状況でも、何とかイベントを打ってみる。すると、五十人と言っていた定員に対し、当日は百八十人もの人が来てしまう。紙はないし、教えられる人はいないしで、てんやわんやになったという。会場中を走り回り、同時に折り紙を折って見せるという曲芸をこなしながらのイベント運営だった。

その後、Oritaiは着実に賛同者を増やしていき、活動の幅も拡大していった。今ではOritaiの隊員は五十名を超えている。そのOritaiは、毎週水曜日と、子供たちも参加できるように第二、第四土曜日に隊員たちであつまって折り紙を折っている。そこで折った折り紙は、ニューデリー日本文化センターのホールに飾り、定期的に作品展を開いている。また、そうした日々の活動とは別に、折り紙イベントを行うこともある。日本からも多くの折り紙アーティストをインドに招いてきた。世界に愛好者のいる川崎ローズという薔薇の折り紙の生みの親であるDr.川崎さんや、折り紙界のクイーン布施知子さんなどだ。

Origami Oritai の作品

こうした活動が評価され、インドで日本文化紹介に貢献する「折り紙専門家」として、天皇皇后両陛下（現上皇上皇后さま）への接見が許され（これには先述の菊池氏も招かれた）、安倍首相訪印時には、「インドで活躍する七名の女性」の一人に選ばれ、安倍昭恵夫人との昼食会にも呼ばれた。また、二〇一八年十二月に行ったOritaiの展覧会では、在インド日本大使が駆けつけた。最近の活動では、ムンバイにある同様の折り紙サークル「オリガミ・ミトラ」

との出会いから、今後はインド国内の折り紙活動の充実を目指す一方で、インドだけでなく、ブータンやミャンマーでも折り紙イベントを行うなど、日本の折り紙をインドから近隣諸国へ発信している。

実際、折り紙の魅力、その可能性は無限大だ。紙があればだれでも折れる。どんな文化にも適応可能な折り紙はインドのようなインフラの整っていない国でこそ、その威力を発揮する文化事業だ。また、折り紙で培われた折る技術は、実は宇宙開発にも活用され、人口衛星を打ち上げる際、より効率的に折りたたんでおくための技術としても役立てられている。

Oritaiのテーマは「Love & Peace」。折り紙は世界平和に通ずると語る明日氏は、折り紙を折ることで心が癒される人に本当に会うことができるのだと教えてくれる。たった一枚の紙がいろいろなものへと変化する。もちろん、そこには技術やなにより忍耐が必要とされるが、その結果として生み出された作品に人は感動する。すると、折り紙を折った人も、その折り紙を折ってもらった人にも感動が生まれる。明日氏は、こうした感動の連鎖がOritaiの目指す「Love & Peace」へとつながっていくと信じている。

インドと日本の文化的距離はまだまだ遠い。しかし、菊池氏、明日氏のような「日印の懸け橋」がその距離を縮めるべく、今日も元気に笑顔で活躍してくれている。

二　文化交流から考える防災

ネパール大地震

二〇一五年四月二十五日、土曜の昼時、家族と昼ごはんを食べている時、突然はっきりとした揺れを感じた。すぐに隣室にいるメイドに声をかけ、全員で家の一室へ移動した。その時の揺れ自体はそれほど大きなものではなかったが、どこかで大きな地震が起こったことだけは直感的に分かった。しかし、翌日の新聞でネパールでの地震についての記事を見るまでは、これほどの規模のものとは思わなかった。地震発生から翌日の時点で、死者数は千五百人に達していた。

現地時間十一時五十六分、ネパールの首都カトマンドゥ北西七十七キロ付近、ガンダキ県ゴルカ郡サウラパニの深さ十五キロを震源にマグニチュード七・八（推定）の大地震が発生した。現地では懸命な救助活動が行われたが、死者数八千人以上、負傷者二万人以上という甚大な被害をもたらした。また、今回の地震では人的被害の他にも、カトマンドゥのダルバール広場にある複数の寺院をはじめ、多くの歴史的建造物、世界遺産も大きな被害を受けるなど、観光立国ネパールにとって観光資源の喪失も大きな問題となった。

文化交流に何ができるか?

今回のネパール大地震に対して、ネパールの隣国インドで文化交流の仕事をする人間としても、何か自分の置かれた立場からできることがないか考えてみた。これほどの規模の自然災害は一国でどうにかできる問題ではなく、世界的な支援が必要となる。また、緊急支援期から復興期へ移行した後についてまで考えると、支援の規模は大きく、そして長きにわたる支援が必要となる。

海外の文化交流を担う国際交流基金は、必ずしも防災や緊急支援に特化したノウハウや実行力を備えた機関ではなく、緊急支援が必要な時に「文化交流」はあまり役に立たない。それでも「文化交流屋」ならではの貢献が何かないだろうか。文化交流を専門に行う国際交流基金も、その強みを生かした防災事業の展開について考え、積極的に実施すべきだ。今回のネパールの地震に関する新聞報道を読みながら、そんな思いに駆られた。

ネパールは、年間二万人以上の日本人がトレッキングなどを楽しみに訪れる国だ。私も何度か訪れたが、インド人と比べて人当りの柔らかなネパール人に対しては、我々日本人にどこか共通した面を感じさせ、特にインドからネパールに行くと、そこに流れている平和な空気に包まれ、言いようのない安堵感を覚えた。最後にネパールを訪れた時には、カトマンドゥから西に二百キロほどいったヒマラヤのふもとの町ポカラまで足を延ばした。ポカラから見た雄大なヒマラヤの山々、その中で魚の尻尾のような形をしたマチャプチャレ（通称、フィッシュテール）が朝日に照らされ光り輝く姿や、ふもとの湖を家族と一緒にボートに乗って廻った時の光景が今でも目に浮かぶ。同時に、近年のネパールの首都カトマンドゥでは、急激な建設ラッシュが起こっており、耐震性の脆弱なレンガを積み上げただけの建物が多く見られたことも、今回の地震直後に思ったことの一つだ。

そもそもカトマンドゥは、数万年前までは古カトマンドゥ湖と呼ばれる湖があった場所に土砂の流入などで陸地が作られ、その上にできた町であるため、地盤が弱い。そのような土地柄で、ひとたび地震が起こると、軟弱な基盤はかえって地震の揺れを強めてしまうという。それに加えて、上述のような耐震性を備えていない建物が乱立したことが、今回の地震の被害を大きくした要因だと専門家は指摘する。

耐震構造という概念は、日本では既に一般的になっているが、インドをはじめ南アジアの国々ではまだ十分に市民権を得ていない。インドで見られるただレンガを積み上げただけの建物を見るたびに、兵庫県立舞子高校の諏訪清二氏がインドで行った防災セミナーで語った言葉を思い出す。全国でも珍しい防災教育の専門学科「環境防災科」を立ち上げた舞子高校の現役教諭である諏訪氏の話によれば、「阪神大震災発生から約十五分間で九割ほどの人が犠牲になった」のだという。「地震が人を殺すのではない、建物が殺すのだ」と言っていた諏訪氏の言葉が、眼前のレンガ造りの家を見る度に現実味を帯びて迫ってくる。

五月十七日の毎日新聞の記事では、東京大学の古村孝司教授が、「(近年、ネパールにおいて)耐震基準を整備したが、守らせる仕組みと既存建物へのケアが不足していた」と語っているが、こういった問題は多くの途上国で見られる問題である。つまり、問題の所在は分かっていて、それを解決するための仕組みが作られていても、現地にそれを担う人材がいないため、せっかくの仕組みが有効に機能しない。

そもそも、インド亜大陸はインドプレートとユーラシアプレートの衝突の結果できたと言われており、そのインドプレートは今でも北上を続けているため、地震が多い地域だ。直近では二〇一一年にマグニチュード六・九の地震がインド北東部のシッキム州で起こっている。その前には、二〇〇五年インドのカシミール地方でマグニチュード七・六の地震が起こっている。そもそも、ネパールを含むインド亜大陸の北部は地震多発地域であり、近年に至っては、四、五年に一回は大地震が起こっているような状況である。今回の地震がメディアに大きく取り上げられたのは、地震の規模が過去と比べて大きかったからではなく、人びとが密集している首都カトマンドゥ付近で起き人的被害が大きかったからに他ならない。実際、こういった被害はいつでも起こる可能性があったのだ。

緊急企画「ネパール救援活動に関する報告会」

今回のような災害に対して、文化交流の分野から何ができるのか。明確な答えはなかったが、ともかく地震発生後に国際交流基金ニューデリー日本文化センターで緊急会議を開き、現地ネパールの隣国にある団体として何かできることがないか話し合った。そんな中で、我々だからこそできるある企画が生まれた。それは、現在、ネパールで緊急救援活動を行っているボランティアの方から現地の報告を聞く報告会の実施だ。

地震発生直後から国際交流基金の本部とやり取りをしていたら、南アジア研究者であり、聖心女子大学教授の大橋正明氏が地震発生直後からネパール入りするという情報が入ってきた。さっそく同氏に連絡を入れたところ、同氏は時間の関係上、報告会には協力できないが、同行予定の菅原伸忠氏（NPOシャプラニール職員）であれば、ネパールでの活動後、デリーでの報告会に協力してもらえるという回答を得ることができた。具体的には、菅原氏が五月九日にネパールから引き上げ、五月十日に日本に帰国するまでの間に国際交流基金ニューデリー日本文化センターのホールまで来ていただき、そこで報告会をするという計画が立ち上がった。

報告会は、インドに滞在する日本人の青少年活動として、日本の電子機器メーカーCASIOの現地法人カシオ・インディアの中正男社長（当時）が中心になって行われている「開発協力広場」と共催し、中氏から多くの日本人に声をかけてもらった。また、当日はインド人も集う会にしたかったので、インド人側の聴衆にも声をかけた。また、それだけでなく、会のモデレータとして元アジア・リーダーシップ・フェロー（ALFP）でネルー大学教授（当時）のマヘンドラ・ラマ氏にも声をかけた。

これは余談だが、日本人の講演者を迎えインド人の聴衆に対して講演を行う時、インドと日本の両サイドに知見のあるモデレータの存在は必要不可欠だ。なぜならば、天下に名高い議論好きなインド人は、当日の講演内容に関係あろうとなかろうと、自身の旺盛な好奇心から、あらゆる質問を講演者に浴びせてくる。これに対して、モデレータがきちんと交通整理を行わないと、質問ともコメントとも判別できない聴衆からの発言が行き場を失い、会場内にフラストレーションとして充満してくるからだ。インドでは、交通渋滞は路上の話だけではない。

当日は日曜日の夜のイベントであったにもかかわらず盛況で、八十名ほどのキャパの会場を埋めるほどの入りだった。講演会で菅原氏は、もともとはカトマンドゥでミッションをこなすつもりだったが、空路が閉ざされたネパールでは、カトマンドゥまで辿りつくことさえ困難で、逆にその道すがらの村々での緊急支援に追われることになったという。逆に言えば、大型支援が首都に集まっている中、取り残された地方の支援を行うことができたという報告を行った。講演では、現場の写真も見せてもらい、被害の様子などが伝えられた。

講演会終了時、中氏がコメントで「支援先まで移動する車の映像を見て、これほど危険な山道を何時間も移動して救援物資を届けていたのかということを知り、現場の救援活動の実態をリアルに感じられた」と述べていた。報告会実施後の五月十二日に、ネパールで大きな余震が起こったが、その時も報告会で見た現場の映像がよみがえってきた。

文化交流による防災

災害発生直後、国際交流基金が組織として行えることは決して多くはない。しかし、人的交流が活動の柱である基金は、上述の報告会のような、いわゆる「プラットフォーム作り」ならいつでも行うことができる。また、時にこの手の会合が専門家だけの集まりになってしまうことがあるが、一般聴衆も巻き込んだ事業を仕立てられるのも強みだ。このように、災害発生直後という緊急時においても、小回りが利き、小・中規模のイベントを短期間で準備できるという強みを生かせば、国際交流基金のような文化交流団体が果たしえる役割は少なくない。

また、緊急支援が収束した後に続く復興期では、国際交流基金が行える事業はさらに増える。今回の地震で、多くの家屋の崩壊が犠牲者の増大につながったという点は既に述べたが、具体的にどういった家屋は残り、どういった家屋が崩壊していったのかについて、今後、専門家を派遣し調査する必要がでてくるだろう。そして、その調査結果をより多くの人たちに届ける時に、文化交流のアプローチが活用できる。

たとえば、現地の状況をドキュメンタリーフィルムに収め、それを各地で上映するイベントや、実際の体験を被災者に語ってもらうためのイベントを行うことも、専門家による調査と同様に重要な活動となる。さらに、専門家による調査とは別に、耐震構造を備えた住居の大切さについて、文化活動を通じた周知活動を行うこともできる。

特に南アジアでは、防災に関する事業は政府によるトップダウン式で、現場のニーズに適っていない押し付け的なものも少なくない。このトップダウン式の防災活動を、人びとが自発的に、自主性をもって、いわゆる「わくわく」する活動に変えるためにも文化事業の手法は役立つ。一例として、国際交流基金に設置されたアジアセンターが展開している「ＨＡＮＤｓ！」事業が挙げられる。同事業においては、防災にクリエイティビティ（創造性）を加えた新しい防災事業をアジアの若者に対して紹介し、クリエイティブな防災という新しい概念の防災事業の普及と、それを用いた域内の交流活性化事業を展開している。

忘れてはならないのは、ネパールにおいて、耐震基準は既に存在していたという事実だ。既に日本の専門家も派遣され、現地の耐震基準の設置に向けた努力が行われていたにもかかわらず、現地では耐震基準は十分に守られず、今回の犠牲者を生んでしまった。欠けていたのは、耐震基準などの制度そのものではなく、人びとの意識《アウェアネス》だった。この人びとの意識に直接働きかける時に、文化交流の手法は大いに役立つ。

また、文化活動を通じた心のケア、映画上映会などを通じた安らぎの場の提供も可能だ。被災地には物質的な援助だけでなく、精神的な援助も必要である。ここで文化交流が果たし得る役割も大きい。

三　美しいインド　前篇

インドは美しい？

昔からインドは様々なイメージをもたれてきた。「貧困、神秘、カオス、嘘つき、数字」。こうしたイメージについて、私はどれも否定するつもりはない。これらは、すべてどこか正しく、どこか正しくない。つまり、それは多様なインドを一つのイメージだけで捉えることはできないということだが、私は、ここにもう一つインドのイメージを加えてみたい。それは「インドは美しい」というイメージだ。

インドが美しいなどと言うと、インドを旅行した人からは「トンデモナイ‼」と言われそうだ。道はゴミのポイ捨て天国、町を闊歩する牛たちは糞を垂れまくり、道端ではところ構わず男たちが放尿し放題。こんな光景を目の当たりにして、インドのどこが美しいのかと言いたくなるだろう。ただし、これは都市部や観光地の話だ。都会を離れ、インドの村まで足を延ばしてみれば、我々は全く違った風景に出逢うことができる。

朝は鶏と牛の鳴き声で目を覚まし、澄んだ空気の中で雄大なヒマラヤの山々を背に感じながら、村人たちが牛を放牧地まで連れていく。眼下には、まばらに生える草木とその間を流れる小川があり、そんな風景を眺めながら、朝絞ったばかりの牛乳から作ったチャイを飲む。これは、私が以前滞在したインド北部ウッタルカンド州にある村の朝の光景だ。私は、今でもこの村で見た息を飲むほどに美しいヒマラヤ山脈の風景や、村人たちの牧歌的な生活風景をはっきりと思い出すことができる。

ただ、こうした村は、観光客が訪れるような場所ではないため、インドの村々がもつ美しさに出逢う機会はほとんどない。また、不幸なことに、村人たちも、自分たちの住む環境がどれほど美しく魅力的かということを自覚していない。

もっと多くの人に、観光地ではない、名もない村の美しさを伝えられないだろうか。また、インドの村人たちに対しても、自分たちが住む環境の美しさや価値に気付いてもらえないだろうか。文化交流が、こうした問題に何かアプローチできないか。いつからか、私の中でそんな思いが膨らみ始めていた。

Travel Another India

以前、インドの国内を旅行しようとした時、偶然 Travel Another India（以下、ＴＡＩ）という団体のウェブサイトを見つけた。

ＴＡＩは、二〇〇九年にインドの女性社会起業家のゴータミ氏が始めた事業で、主に都市部の住民や外国人に対してインドの村滞在（Village Stay）の機会を提供している団体だ。ＴＡＩはＮＧＯではなく、社会的企業として活動し、運営は村滞在事業から得られる収益で賄われている。一泊の宿泊料は**平均五千ルピー**（約七千五百円）程度で決して安くなく、インドの中級ホテルの二倍近い値段と言えるが、その収入で、村滞在型の旅行（Village Tourism）が一つのビジネスモデルとして確立している。言い換えれば、村の滞在にそれだけのお金を払う人が出てきているということだ。ちなみに、ＴＡＩは独自に宿泊施設をもっているのではなく、すべて業務提携で事業を行っている。つまり宿舎は別の人の所有で、そこに泊まるツアーをＴＡＩが手掛けているというビジネススタイルだ。

創業者のゴータミ氏から、なぜこのような活動を始めようと思ったのかについて直接話を聞いてみた。そうすると、次のような答えが返ってきた。

一昔前までは、インドの都市部に住む人たちは、田舎に自分たちの故郷をもっていました。普段は都市で生活している人でも、故郷に戻れば、自然あふれる環境で、村のゆっくりした生活に浸ることができたのです。しかし、いま都市部に住む人たちの中で、そうした故郷を失ってしまった人が急速に増えつつあります。家族や親戚すべてがデリーやムンバイといった大都市で暮らしていて、自分の生まれ故郷との接点を全く失ってしまった人も珍しくないのです。そんな中で、自分の子供たちに牛の乳しぼりを体験させてあげたい。自分もまた都市の窮屈な生活から解放されて、田舎のゆったりした時間を味わいたいといったような要望が都市住民の間から起こってきました。そこで、私はそれを一つのビジネスとして成り立たせられないかと思い、有名な観光地を旅行するのではなく、普段の旅行では訪れないインドの村を旅する「Travel Another India（もう一つのインドの旅）」を立ち上げることにしたのです。

これは、いま日本で起こっていることと全く同じ現象だ。日本でも、都市で暮らす人たちの中から、田舎暮らしに憧れを抱き、実際にUターンやIターンとして田舎へ移住する人が出てきている。これは、昔は当たり前に存在していた田舎の風景や田舎とのつながりが失われていく中で抱く「失われたもの」への憧憬に他ならない。こうした動きが、インドでも起こっている。

じっさい私も、ＴＡＩが提供する施設に泊まってみた。私が泊まったのは、ビーチで有名な南インドのゴアにある施設だったが、ホテルはビーチから少し離れた村の中にポツンと存在していた。中に入ってみると、ポルトガル調のお洒落な造りで、ＴＡＩの方針でトイレとベッドだけは都会のホテル並みに清潔にしてあった。別に「村に滞在する」というように気負う必要はなく、リゾート感覚で利用することができる。ただＴＡＩがユニークなのは、そういった清潔でお洒落な空間以外は、何もサービスがない点だ。部屋にはテレビすら置いていない。夜になると辺りは真っ暗で、夕ご飯を食べた後は寝る以外にすることがない。しかし、ＴＡＩが提供しているものが「何もしないこと」だと気付いた時、それが都市生活に欠けているものだと痛感した。情報過多の社会に生き、常にあらゆる刺激に晒されている私たちは、「何もしない」という時間をもつことができない。ゴアでの長い夜を過ごしながら、私は、自分がインドの村に対して抱いている思いを実現するヒントを得たような気がしていた。

「日本で最も美しい村」連合

インドの村の美しさをそのまま味わう事業。都市居住者や外国人だけでなく、村人にも還元され、村人も自分たちの生まれ育った環境に自信がもてる事業。「発展」の名の下で一方向的な経済成長を目指してきた先進社会に対して、それ以外の開発（Alternative Development）のあり方を示す事業。自分が抱えていたモヤモヤをあえて言葉にすれば、こんなことだったと思う。ただ、どうすればそんな事業ができるのか分からなかった。そんな時、以前、日本の東北地方を旅行していた時に目についた一つのポスターのことを思い出した。そのポスターには、「日本で最も美しい村百選」と書いてあった。

ＮＰＯ法人「日本で最も美しい村」連合は、二〇〇五年に始まった活動で、一九八二年にフランスで始まった「フランスで最も美しい村」運動に範をとって、失ったら二度と取り戻せない日本の農村漁村の景観・文化を守りつつ、自立を目指すための運動として始まった活動である。発足当初は、わずか七町村が加盟するだけの団体だったが、発足から十年以上経ち現在加盟町村は六十三町村（二〇一八年一月現在）になっている。私の行いたい事業と「日本で最も美しい村」連合が行っている活動との接点の多さに気付いた。

インドでも、多くの国際NGOや国連機関が開発事業や啓蒙活動を行っている。しかし、これらの事業では、「村の状況を良くしなくてはいけない」という問題意識が前提となっている。これは言い換えれば、村の状態を「否定する」ことが前提となっているとも言える。問題があるから、改善しなくてはいけないのだ。しかし、「美しい村」活動の手法によれば、村を否定するのではなく、むしろそこに積極的に価値を見出し、そのことで村人たちに勇気と自信を与えていくことができると考えた。ある村が「美しい村」に選出されて有名になれば、他の村も負けじと自分たちの村自慢を行っていくだろう。そういった中で、都市にはない村の魅力にもっと人々の関心が集まり、新しい社会発展のあり方も模索されていく。「日本で最も美しい村」連合のホームページを見ながら、そんな事業をインドで展開することができないだろうかと思い始めた。

とはいえ、インドの村の経済状況は日本の村とは全く異なることも事実だ。東インドのオディシャ州の村などでは、農民が借金苦から集団自殺するといった状況も存在する。このような待ったなしの状況下において、「インドの村は美しい」などと論じるのは単なる理想論で、先進国の夢想だと思われるかもしれない。こうした不安を抱えながらだったが、とりあえず、できることからやってみようと動き始めた。

そして、私はこの事業を「美しいインド」と呼ぶことにした。

四　美しいインド　後篇

「美しいインド」事業

「日本で最も美しい村」連合（以下、連合）に連絡してみたら、すぐにインドでの事業に協力してくれるという返事が届いた。その後、とんとん拍子に話は進み、連合からは、杉常務理事、後藤事務局長、芹沢選考委員兼通訳がインドに来てくれることとなった。

連合は二〇〇五年に活動を始めたＮＰＯ法人で、フランスの「最も美しい村」運動の日本版として展開されたものだ。「最も美しい村」運動は、フランスから始まり、既にイタリア、ベルギー、カナダ（ケベック州）などにも展開している。「美しい村」の運動は、基本的には各国で定めた基準により、その国で最も美しいとされる村を選定し、その村に対して「最も美しい村」であることを証するロゴが与えられる。このロゴを与えられることで、今までほとんど知られることのなかった村も「最も美しい村」の一員としての資格、知名度を得ることができる。つまり、「美しい村」の運動は、その村にある価値を外部の目で評価、ブランド化し、村を活性化させる活動と言える。この活動が、北海道美瑛町の浜田哲町長とカルビーの松尾雅彦元社長の働きかけによって、日本にも紹介された。

しかし、この事業を日本に紹介した当初、「美しい村」の活動を日本に定着させ、日本で連合を立ち上げるまでには多くの難問があったという。一つは文化遺産の保存の問題である。これは世界遺産の議論でよく言われることだが、何百年の歳月を経ても残る「石」の文化を中心とする西洋社会と異なり、腐り、燃える「木」の文化を中心としている日本は、古くからある歴史的文化財を守る活動が成り立ちにくい。

また、急速な都市への人口流出の結果、日本の地方では深刻な過疎化が起こり、村の多くが疲弊してしまっている。ヨーロッパにあるような、まるでおとぎ話に出てくるような村があちこちに存在しているという状況とは全く違った。また、ヨーロッパの村には、石畳に囲まれた町と、その中心にある教会と、それを囲むように人びとが暮らす居住空間といった「美しい村のパターン」が存在するが、日本の村は違う。水田地帯の村、山岳地帯の村、漁村、離島の村など多様だ。

このように、連合は、「美しい村」の活動を日本にもってくるにあたっては、そもそも「日本の村の美しさとは何か?」といった大前提の問いに答えることから始める必要があった。連合は、もつれた糸をほぐすように、こういった難題を一つひとつ解決しながら、六十三もの町村が加盟する団体へと育っていった。

連合のホームページを見ながら、村の魅力を外部の目で評価し、ブランド化する手法こそ、私がインドの村を訪れた時に感じた私のモヤモヤを解消させてくれる手法に思えた。私は、「美しいインド事業」を「Nor Empower（力を与えず）、Nor Enlighten（啓蒙もせず）、But Encourage（ただし励ます）」事業と位置付けた。貧困解決を目的とした事業において、人はどうしても「村」を自分たちより下に位置付ける見方に囚われてしまう。しかし、文化交流の視点からは、逆に「村に学ぶ」という視点に立つことができる。私は、インドに「美しい村」のコンセプトを紹介することは、インドの貧困問題に対し、文化交流ならではの新しい視点、アプローチを提供することになると思った。なお、「美しい村」のコンセプトを、TAIのゴータミ氏に投げてみたら、「今まで、インドにおいて、そういったコンセプトで事業が行われたことは聞いたことがない。ぜひ、このコンセプトをインドにも紹介してほしい」という反応だった。

連合の手法の中で、それぞれの国の「美しさ」と「それを計る基準」はその国が決めるという点も魅力的だった。日本の地方も多様だが、インドの村の多様性はそれを遥かに上回る。ちなみに、総務省の資料によると、現在、日本には**約千七百**の市町村が存在する。それと比べて、手元の資料では、フランスなどは、**三万六千以上**ものコミューンと呼ばれる自治体が存在する（二〇一一年一月時点）。

では、インドはどうかと言うと、大小あわせて**約六十五万**という桁違いの村が存在する。(1) このようなインドで、インドの村の美しさは何かという問いに、外国の基準など何の役にも立たない。インドの美しさはインド人が決めていくしかないのだ。しかも、インド人が自らの手でインドの村の美しさを計る基準を作る場合にも、同じアジアの国として「ヨーロッパの基準ではない基準」で自分たちの美しさを考えざるを得なかった日本の経験こそが役に立つはずだと思った。ただ、そのためには、日本の連合の方たちにもインドの状況を知ってもらう必要があった。現地の状況を踏まえた上でないと、インドの人たちと「美しい村」活動についての突っ込んだ議論はできるはずがないからだ。

アジアで最も清潔（Clean）な村

連合の人たちにインドの村を紹介するにあたって、どんな村が適当か、急ピッチで情報収集を行うことになった。そんな中、にわかには信じられない情報が飛び込んできた。「アジアで最も清潔な村（Cleanest Village in Asia）」。そんな村が、インドにあるというのだ。

「最も清潔な村」の名前はマウリノンといった。インドの北東部にあるメガラヤ州にある村で、メガラヤの州の州都シロンから車で四時間ほど走ったところにある人口五百名弱の小さな村だ。二〇〇五年に *Discover India* 誌で「アジアで最も清潔な村」と評され、それ以来、メガラヤ州以外からも観光客が絶えず訪れる村になっているという。日本から連合の人たちをインドに迎え、その足で一緒にマウリノンへ向かった。

マウリノン村に着いてみると、確かに村にはゴミが一つも落ちていなかった。各個人の家も、まるで人に見られることを意識しているかのように、草木が綺麗に配置されきちんと手入れさ

マウリノン村

れており、森の中にある「おとぎの国」のような佇まいがそこにはあった。マウリノンでは、どこを歩いていても、必ず掃き掃除の音が聞こえた。マウリノンでは、代々、清掃活動が大切な活動とされており、その教えが今でも守られている。

ただ、マウリノンは清潔な村ではあるが、リゾートのような洗練があるわけではない。もちろん行き届いたサービスがあるわけでもない。ただ、村人たちが自分たちの力の及ぶ範囲内で村を清潔に保っていた。しかし、清掃という何でもない行為を実直に行い続けることで、この村は自分たちの身の丈にあった発展を可能にしていた。現在、村全体で受け入れられる宿泊客は最大で二十五名程度で、村人たちは、今後、これを五十名程度までは増やしていくことはできるが、それ以上は望まないと語っていた。村のリーダーがこんなことを言っていた。

私たちはそれほど金持ちではない。でも我々は貧乏でもない。それで我々は満足している。

マウリノンのように、自分たちの村の魅力を村人たち自身が自覚し、それを活かし、自分たちなりの発展を可能にしている村に出会えてうれしかった。インドには、こうした村がもっとあるに違いない。インドで「美しい村」活動を展開する手応えを感じながら、私たちは次の目的地であるホドカ村へ向かった。

ホドカ村

「美しい村のインド代表」

緑豊かなマウリノンとは対照的に、ホドカは周りを砂漠に囲まれた村だった。グジャラート州の空港のあるブージという町から車で二時間ほどの距離にあり、人口は千六百人ほどの小さな村落だ。

ホドカは二〇〇五年、UNDP（国連開発計画）とインド政府が共同で大型開発防止を目的に三十六の村を対象に行った事業の一つに選ばれた村だ。UNDPとインド政府から資金援助を受け、ホドカでは、村の住居と同じ形態で地元の土と牛糞で作ったパオ式のホテルが作られていった。当初、村人たちはなぜ自分たちの家と同じような粗末な家を作るのか不思議だったという。なぜ五つ星ホテルのような近代的できらびやかなホテル建築を作らないのだろうか。しかし、実際に村の家と同じ方法で作った宿泊施設に魅力を感じ、多くの観光客が訪れるようになるのを見て、自分たちがもつ文化の魅力に気付いていったのだという。

実は、このホドカは、ＴＡＩが最初に手掛けた事業でもあった。ゴータミ氏が、ホドカの事業にインスピレーションを得て、このホドカの宿泊施設を外部の人に知ってもらおうと始めた事業がＴＡＩだった。言い換えれば、ホドカは国家事業として進められた村滞在事業の先駆けであり、モデルケースだった。もちろん、ホドカも他のＴＡＩの施設と同じように、ベッドとトイレが清潔である以外は、何のアメニティもない。テレビも、電話も、冷蔵庫も、机も、何もない。

ホドカが驚きなのは、その収入の多さにあった。何と、宿泊料だけで**年間二百万ルピー**（約三百万円）以上もの収入があるという。この他に、観光に付随する収入として、通訳／ガイド料、車の手配、食事などが入ってくる。ちなみに、二〇一三年十月には新たな宿泊施設シャーム・イ・サラハッド（Shaam-E-Sarhad）がオープンしたが、この施設は村の七〜八家族だけが出資し、地元の素材を使い、村人だけで二百万ルピー（約三百万円）で建造したもので、開所後五カ月で四百五十人のツーリスト客が訪れているという。こんなことからも、この村の成功の程がうかがえる。

単に村の美しさだけを保存するだけでなく、村人たちが自分たちの村の文化や生活環境の魅力に気付くこと。これこそが、インドで「美しい村」を展開する最も大きな目的だった。ホドカのリーダーたちは、絶対にこの土地に大型開発を許すようなことはさせないと自信に満ちた声で語ってくれた。自分たちの文化が外の人間によって評価されることで、自信をもつ。ホドカは、まさに「インドの美しい村の代表選手」といっていい姿を我々に見せてくれた。

美しいインド、今後

「美しいインド」の締めくくりとして、マウリノン、ホドカから村のリーダーをニューデリーに呼び、そこにゴータミ氏やその他の社会起業家、大学教授、元政府高官（ホドカ事業が始められた当時のインド政府側担当者）などを集め、「美しい村」のコンセプトの紹介と、この活動を今後インドで展開していくための会議を行った。

会議では、連合の方たちに日本の「美しい村」連合の活動紹介、今回インドの村を訪問し、「美しい村」の活動の観点からみたコメントなどを述べてもらった。会議に参加した人たちは、連合のスタッフたちが語る言葉を熱心に聞いていた。しかし、「美しい村」の活動に関心を示すことと、インドで同じような事業を行うことは全く別の問題だ。村人たちにしてみれば、突然「美しい村」という活動を紹介されたという状態で、ゴータミ氏も「美しい村の活動は素晴らしいが、現段階でビジネスモデルにならないのであれば、自分からそれに投資することはできない」と起業家らしい率直な意見を述べた。

日本からきた連合の人たちは、この日の深夜便で日本に帰る予定だった。このまま会議では何も起こらないのかと思っていた時、あまり英語が得意ではないマウリノンのリーダーがトツトツとこう語り出した。

自分はメガラヤの小さな村から来た人間だが、自分の周りの村の村人に対して、いまも「清掃」の大切さを教える活動を行っている。この清掃活動は、自分たちの村にとっても重要な活動だ。そして、今回、国際交流基金に呼ばれ、インドの村に関する会議に参加し、自分としては、自分の周辺以外の村に対しても何かしたいと思うようになった。今後、「美しい村」の活動をインド全体で展開していくのであれば、マウリノン村はリーダーシップを取って進めていきたい。

このマウリノンのリーダーの発言は、一筋の風のように、会議の空気を和ませた。そうすると、つられるように、ホドカのリーダーも、自分たちも協力すると言い、またゴータミ氏も、「美しい村」の活動をビジネスモデルとして実現させるようにしていきたいと発言するようになった。結果、会議終了時には、会議参加者が賛同し共同宣言を作り上げることができた。

「美しい村」という一つのコンセプトの下、様々な人たちが集まり、様々な意見をぶつけることができた。この会議で何かを生み出したわけではなかったが、文化交流事業だからこそもちうる視点で事業を組み立て、関係者から賛同を得ることができた。私に、もう少しインド駐在の時間があれば、この会議で培われたネットワークを使って、インドの「美しい村」活動をさらに一歩進めてみたかったが、残念ながら次の有効打を打ち出す前に、私のインド駐在は終わりが来てしまった。しかし「美しいインド」が終わったわけではない。私は、インドでこの活動を再開するための機会をいまでも狙っている。「美しいインド」は、私と友人たちとの大切な宝物だ。これからも、自分から手放すということはないだろう。

これは後日談になるが、その後、私はあるきっかけで、静岡大学の藤本穣彦准教授に出会う機会があった。何と藤本先生はインドネシアで「美しい村」運動を実践しようと奮闘している若き研究者だ。私たちはすぐ意気投合した。藤本先生と、アジアで美しい村の活動を展開していこうという話で盛り上がり、私もインドでの経験を踏まえながら、これからのビジョンについて語り合うことができた。「こうした事業には忍耐が必要ですよ」という藤本氏の言葉を噛み締めつつ、藤本氏とお別れした。藤本氏との話をゴータミにも伝えてみようと思う。彼女の反応が楽しみだ。

もう一つ「美しいインド」に関連してお知らせしたいことがある。日本の美しい村連合からインドに来ていただいた杉一浩常務理事が、二〇一六年十二月に逝去された。ご自身の健康を顧みず、インドの村まで来て頂いたことへの感謝の念が絶えない。杉氏のご冥福を心からお祈りしたい。

註

（1）http://www.quota.com/How-many-villages-are-there-in-india

おわりに

私が初めてインドの地を踏んだのは二〇〇四年の夏だった。飛行機がコルカタの空港に到着した時、辺りは真っ暗で、空港の外には観光客を待ち伏せしているインド人の姿が見えた。いや、姿が見えたというのは少し語弊がある。実際は、彼らの白い歯と白い目が見えただけで、真っ暗闇の中では褐色の彼らの姿はほとんど確認できなかった。

当時、私は、空港から一歩外に出たら彼らに身ぐるみを剝がされるのではないかと思っていた。意を決してバックパックを背負い込み、空港の外へ駆け出したのを覚えている。待ち伏せているタクシードライバーたちを振り切って、空港の建物から少し離れたところに停車しているタクシーに自分から乗り込んだ。客待ちしているドライバーより自分でタクシーを選ぶ方が安全なように思えたからだ。いま思い返してみると、よほど疑心暗鬼になっていた自分に気付く。

『地球の歩き方』インド版に、まさにこれを言い表した文章がある。

インド。それは人間の森。木に触れないで森を抜けることができないように、人に出会わずにインドを旅することはできない。インドにはこういうたとえがある。
深い森を歩く人がいるとしよう。その人が、木々のざわめきを、小鳥の語らいを心楽しく聞き、周りの自然に溶け込んだように自由に歩き回れば、そこで幸福な一日を過ごすだろう。だがその人が、例えば毒蛇に出会うことばかりを恐れ、歩きながらも不安と憎しみの気持ちを周りにふりまけば、それが蛇を刺激して呼び寄せる結果になり、まさに恐れていたように毒蛇に嚙まれることになる。

インドで人を疑い始めるとキリがない。もちろん不用心に信じるわけにもいかないが、どれくらい信じて、どれくらい疑ってかかるべきか。この匙加減が分かってくるとインド生活は急に楽しくなる。

また、インドで暮らし始めた頃はよくインド人と喧嘩した。ある片田舎を妻と旅行していた時のことだ。ヒンドゥー教の聖地バラナシまで行く旅だったが、バラナシ行きのバスが出発するまでにだいぶ時間があったので、私たちはバスの発着所近くの村を散策することにした。これといった観光スポットもなかったので、村を流れる川辺を歩くことにした。そうしたら、村人がボートに乗るかと誘ってくる。これは面白そうだと、ボートに乗って一時間ほどゆっくりした時間を過ごすことができた。大したアトラクションにはならなかったが、それでも、リラックスした時間を過ごせたので、私はボートを降りる時、お礼として船頭に百ルピーを渡そうとした。そうすると、彼は首を横に振り、それはいらないという。なんていいインド人なんだと感動した。やはり村人の心は美しいと思っていたその時、彼の口から「五千ルピーだ」という言葉が飛び出した。その時、私の頭の奥でブチッという音が聞こえた。そこからは売り言葉に買い言葉で、激しい言い争いとなった。すると何事かと野次馬たちが集まってくる。私は十人ほどのインド人を相手に、「なぜ一時間ボートに乗っただけで五千ルピーも払わなくてはいけないのだ」と村人たちを指差しながら怒鳴り散らしていた。村人の清らかな心に触れたと勝手に思っていただけに、「五千ルピー」の言葉がことさら腹立たしく感じられた。結局、最初に差し出した百ルピーを投げつけるようにしてその場を去った。

インドにいると、インド人に腹を立てることはよくある。口喧嘩であれば大いにやってみてもいいと思う。それが、彼らと真正面から付き合うということでもあるからだ。しかし、インドは彼らの社会であるという当たり前の事実は忘れずにいたいと思う。私の思う常識は日本の常識であって、インドの常識ではないからだ。また、自分の方が彼らよりもお金をもっているとか、身なりがいいとか、そういう理由で彼らを見下すようなことだけはないようにしたい。

日本の読者は、そんなこと当たり前だと思うかもしれないが、これは、インドという現場にいるとつい忘れがちなことだ。そして、私は、また同じように船頭に法外な金額をふっかけられるようなことが起こったら、今度は船頭が吹き出してしまうような冗談を言ってみたいものだと思っている。

振り返ってみて、こうした一つひとつの体験が私のインド観を作り上げていることを実感する。インドはいまだベールに包まれた、知られざる大国だ。インドをイメージだけでとらえるのではなく、実際に彼らの中に入ってみて欲しい。真っすぐにインドと向き合ってみると、思ってもなかったインドに出会うことができる。それは、私たちの人生をダイナミックに変えてくれる経験になるはずだ。

「インド人は嘘つきだ」といった噂話を聞くことがあるが、それはあまりに一面的な見方だ。私が出会ったインド人の多くは温かく、思いやりがあって、世話好きで、困っている人を見過ごせない、シャイで、人間味あふれる人たちだった。

こんな思いから、本書では、自分自身の体験を織り交ぜながら等身大のインドを紹介するように試みてみた。本書をもって、「これがインドだ」というつもりはないが、間違いなく「私が味わったインド」である。

なお、本書執筆にあたっては、感謝を述べたい人たちが大勢いる。

立教大学で教鞭をとられている竹中千春氏には、インド滞在中にも何度もお世話になり、本書執筆の激励もいただいた。また、岩手大学名誉教授の望月善次氏は、私が基金に入職した時からお世話になっているが（私の基金職員としての初めての業務は望月氏を客員教授として三ヵ月間インドに派遣することだった）、本書執筆に関するアドバイスをいただいた。聖心女子大学教授の大橋正明氏とNPOシャプラニールの職員、菅原伸忠氏にはネパール地震の救援活動で忙しい中、インドでの講演会への協力をしてもらった。ヒンディー翻訳家の菊池智子氏、Origami Oritaiの明日仁見氏、写真家ベノイ・ベヘル氏からは自身の活動およびそれに関する写真の提供まで快諾してもらった。ジャイプール文学祭をきっかけにご縁をいただいた多和田葉子氏と大平栄子氏にも本書執筆へのご協力をいただいた。その他、インド留学と駐在を通じて多くのインド人にお世話になった。この場を借りてお礼を申し上げたい。

元国際交流基金職員であり、現在は跡見女子大学で教鞭をとる小川忠氏。基金職員として働いている時から自身の体験／知見を書籍として出版していた小川氏からは、「働きながら書く」ということを教えてもらった。私のインド駐在時の上司であり、私にとって国際文化交流の師であるニューデリー日本文化センター元所長の土井克馬氏。土井氏には、インド駐在を通じて、国際文化交流とは何かを徹底的に教えてもらった。

私はインド駐在中、この二人の上司からインドについて書くよう言われ続けてきた。そのようにはっぱをかけ続けてもらわなければ、自分から執筆の世界に足を踏みいれたりはしなかっただろう。小川氏と土井氏に心から感謝を申し上げたい。

インド駐在中に一緒に働くことができた宮本薫ニューデリー日本文化センター現所長をはじ

め同センターのスタッフの皆にも感謝している。他にも、私のインド駐在を充実したものにしてくれ、執筆活動を励ましてくれた恩師、友人、上司、同僚の一人ひとりに感謝の言葉を贈りたい。

私のインド留学と駐在を一緒に走りぬけてくれた妻の顕子にも感謝を伝えたい。思いがけない発想力と行動力をもつ彼女が私の傍にいてくれたことは、私のインド生活を確実に豊かなものにしてくれた。

本書の原稿を細かく読んでくれた若手仏教研究者であり、現在は実家の大分県教尊寺で仏教修行に励む藤音晃明氏と、白水社の竹園公一朗氏に感謝を述べたい。本書のもととなるのは、私がインド駐在中から私的に書き続けていた「インド便り」だが、藤音氏は私が書いた原稿に対して常に細かなフィードバックを送ってくれた。また竹園氏は、全体の構成に関する提案だけでなく、統計データを入れるといった全く新しい提案もしてくれた。二人のお陰で、本書は世に出せるレベルになったと感謝している。

最後に、大学を卒業しても就職せずにいた息子を快くインドに送り出してくれた両親に本書を届けられるのを楽しみにしている。回り道をしたけど、ようやく一つの形として報告することができることを何よりも嬉しく思っている。

令和元年六月吉日

田中洋二郎

著者略歴
田中洋二郎（たなか・ようじろう）
一九七九年生まれ。明治学院大学国際学部を卒業後、二〇〇五年から二〇〇七年まで印ジャワハルラール・ネルー大学大学院に留学。国際関係論修士号を取得。二〇〇七年に独立行政法人国際交流基金に入職。二〇一一年から二〇一六年にかけて同ニューデリー日本文化センターに駐在。現在、同日米センター上級主任。訳書にハーマン『ガンディーとチャーチル』（白水社）がある。

新インド入門
生活と統計からのアプローチ

二〇一九年 七 月一五日 印刷
二〇一九年 八 月一〇日 発行

著　者 © 田　中　洋　二　郎
発行者　及　川　直　志
印刷・製本所　図書印刷株式会社
発行所　株式会社　白　水　社

東京都千代田区神田小川町三の二四
電話　営業部〇三（三二九一）七八一一
　　　編集部〇三（三二九一）七八二一
振替　〇〇一九〇-五-三三二二八
郵便番号　一〇一-〇〇五二
www.hakusuisha.co.jp
乱丁・落丁本は、送料小社負担にてお取り替えいたします。

ISBN978-4-560-09707-6
Printed in Japan

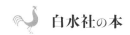

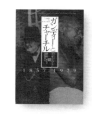

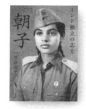

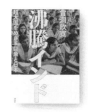